O PRÍNCIPE

O PRÍNCIPE

NICOLAU MAQUIAVEL

TRADUÇÃO
RAFAEL ARRAIS

Veríssimo

COPYRIGHT © FARO EDITORIAL, 2025

Todos os direitos reservados.

Todo o conteúdo original (de 1532, em italiano) é de autoria de Nicolau Maquiavel e se encontra em domínio público. A tradução, de 2016, é de Rafael Arrais, a partir da versão inglesa do Project Gutenberg.

VERÍSSIMO é um selo da FARO EDITORIAL.

Nenhuma parte deste livro pode ser reproduzida sob quaisquer meios existentes sem autorização por escrito do editor.

Diretor editorial **PEDRO ALMEIDA**
Coordenação editorial **CARLA SACRATO**
Preparação **TUCA FARIA**
Revisão **BÁRBARA PARENTE**
Diagramação **OSMANE GARCIA FILHO**
Capa **REBECCA BARBOZA**
Imagem de capa **DOMÍNIO PÚBLICO**
Imagem da página 2 **STEFANO USSI | DOMÍNIO PÚBLICO**

Dados Internacionais de Catalogação na Publicação (CIP)
Jéssica de Oliveira Molinari CRB-8/9852

Maquiavel, Nicolau, 1469-1527
    O príncipe / Nicolau Maquiavel ; tradução de Rafael Arrais.
— São Paulo : Faro Editorial, 2025.
    96 p.

    ISBN 978-65-5957-764-4
    Título original: The prince

    1. Ciência política 2. Liderança 3. Ética política I. Título Arrais, Rafael

23-1541   CDD 320

Índice para catálogo sistemático:
    1. Ciência política

Veríssimo

2ª edição brasileira: 2025
Direitos de edição em língua portuguesa, para o Brasil, adquiridos por FARO EDITORIAL.

Avenida Andrômeda, 885 — Sala 310
Alphaville — Barueri — SP — Brasil
CEP: 06473-000
www.faroeditorial.com.br

SUMÁRIO

Prefácio 7

Dedicatória — Ao magnífico Lorenzo de Medici 11

I.	De quantas espécies são os principados e como são adquiridos	13
II.	Dos principados hereditários	14
III.	Dos principados mistos	14
IV.	Por que o reino de Dario, ocupado por Alexandre, não se rebelou contra os seus sucessores após a morte deste	22
V.	De que modo devem-se governar cidades ou principados que, antes de sua ocupação, viviam com as suas próprias leis	24
VI.	Dos principados novos que se conquistam com as próprias armas e de forma virtuosa	26
VII.	Dos principados novos que se conquistam com as armas e a fortuna dos outros	29
VIII.	Dos que chegaram ao principado por meio de crimes	35
IX.	Do principado civil	38
X.	Como se devem medir as forças de todos os principados.	42
XI.	Dos principados eclesiásticos	43
XII.	De quantas espécies são as milícias, e dos soldados mercenários	46

XIII.	Dos soldados auxiliares, mistos e próprios............................	50
XIV.	O que compete a um príncipe acerca da milícia	53
XV.	Daquelas coisas pelas quais os homens, e especialmente os príncipes, são louvados ou desprezados...	56
XVI.	Da liberalidade e da parcimônia......................................	57
XVII.	Da crueldade e da piedade; e se é melhor ser amado que temido, ou antes temido que amado..	59
XVIII.	De que modo os príncipes devem manter a fé da palavra dada...........	62
XIX.	De como se deve evitar ser desprezado e odiado.......................	64
XX.	Se as fortalezas e muitas outras coisas que a cada dia são feitas pelos príncipes são úteis ou não	73
XXI.	O que convém a um príncipe para ser estimado	77
XXII.	Dos ministros que os príncipes têm junto de si........................	80
XXIII.	Como se afastam os aduladores	81
XXIV.	Por que os príncipes da Itália perderam os seus Estados	83
XXV.	Do quanto pode a fortuna nos assuntos humanos e de que modo se lhe deve resistir	84
XXVI.	Conselho para buscar tomar a Itália e libertá-la das mãos dos bárbaros....	87

Epílogo — Carta de Maquiavel ao embaixador de Roma 91

PREFÁCIO

Há duas boas razões para se ler este livro:

Primeira. Assim você vai saber do que todos estão falando ao usarem o termo "maquiavélico", particularmente nas análises políticas. Tal adjetivo se tornou tão comum que é muitas vezes usado fora de contexto. Isso se torna compreensível quando percebemos que muitos dos que o utilizam nunca leram esta carta escrita por um cortesão da renascença ao seu príncipe (o "magnífico Lorenzo de Medici"). Assim sendo, uma maior familiaridade com esta obra é sem dúvida necessária para a compreensão mais aprofundada do termo; que, como devem saber, se refere ao sobrenome do autor – Maquiavel.

Segunda. Este livro descreve muito bem a maior parte das situações de poder. Da política às corporações, e onde quer que existam relações de controle e influência, as observações e regras maquiavélicas serão geralmente válidas.

Assim, se tudo correr bem, você também irá descobrir que Maquiavel não é tão mau quanto acabou sendo afamado na cultura popular. O seu trabalho aqui foi simplesmente descrever "as regras do jogo do poder", que já existiam muito antes de ele ter nascido e ainda existirão por muito tempo, quem sabe durante toda a história humana – ao menos enquanto perdurarem a competição e o egoísmo.

As regras maquiavélicas não são nem boas nem más em si mesmas, tudo o que elas fazem é descrever um processo. O que é bom ou mau é o uso que as pessoas que compreenderam tais regras fazem delas quando alcançam posições de poder, considerando que vivemos numa sociedade que julgará as suas ações de acordo com a lei e os princípios ético-religiosos mais essenciais.

Quando esses princípios são suprimidos (como na Alemanha nazista, na "Idade das Trevas" medieval ou sob os regimes comunistas totalitários), as regras maquiavélicas vestem o seu manto demoníaco, mas isso ocorre simplesmente porque elas passam a servir os interesses demoníacos de seus "príncipes".

Já em sociedades democráticas que são perfeitamente capazes de regular e restringir o poder dos seus governantes, o pensamento contido nesta obra pode produzir excelentes resultados. Um belo exemplo foi o uso que Abraham Lincoln fez de tais regras, vencendo os seus adversários políticos de forma legítima e encerrando a escravidão em seu país.

Para apreciar devidamente as lições que podem ser tomadas desta obra, faz-se necessário transportar a vivência e a linguagem medievais para a nossa era moderna. Por exemplo, a forma casual com a qual Maquiavel discorre sobre a necessidade de assassinar oponentes políticos era algo que fazia todo o sentido para aqueles que desejavam alcançar o poder quinhentos anos atrás. Nos dias atuais, esperamos, o termo "assassinato" poderia ser traduzido em "reduzir o poder de alguém nas decisões da empresa" e/ou "retirar aquele outro do seu cargo de ministro".

E o que alguém ganha ao ler este livro? Ora, trata-se de um mapa do caminho com reflexões e lições sobre: (1) sobressair-se aos demais numa disputa por poder; e (2) manter e expandir o seu poder sobre os demais, principalmente aqueles que desejam ocupar a sua posição atual.

Esta obra fala sobre colocar a conquista dos seus objetivos acima de quaisquer outras considerações, sem espaço para piedade com aqueles que se encontram na mesma competição. Muitas das máximas que encontramos na mídia e na análise política, até hoje, nasceram do livro de Maquiavel: "os fins justificam os meios"; "é melhor ser temido do que amado"; "se você vai lutar contra o príncipe, mate o príncipe" etc.

Dessa forma, trata-se de uma leitura essencial para todo aquele que se encontra atualmente num meio ambiente extremamente competitivo (quiçá boa parte da humanidade) e espera prosperar de alguma forma. As regras maquiavélicas simplesmente consideram que, em todo caso, o instinto humano de todos os demais já será algo egoísta.

Certamente há muitas outras formas de prosperar e sobreviver numa competição sem recorrer a tais lições. Sobretudo na modernidade, nos países de IDH (Índice de Desenvolvimento Humano) mais elevado, temos inúmeros exemplos de empreitadas altruístas e colaborativas que têm dado muito certo, mas seria ingenuidade considerar que tais exemplos já são a regra, e não a exceção. Assim sendo, esta obra continua sendo muito atual, para o bem ou para o mal.

Muitos dos políticos e diretores executivos do nosso tempo são ao menos em parte maquiavélicos. O truque é usar o poder para objetivos nobres. Assim, todos os políticos e executivos que se sobressaíram aos demais, vencendo eleições ou competições internas nas suas empresas, se acaso contaram com a ajuda de Maquiavel, não necessariamente serão maus: tudo dependerá, no final das contas, de *como eles utilizarão* o poder adquirido.

Ora, numa sociedade onde o poder absoluto é constantemente combatido e há certas regras e limites para o que um "príncipe" pode fazer com o seu poder, toda essa competição não será de todo ruim – como numa disputa darwiniana, é esperado que aqueles que alcançam o topo sejam os que detêm as melhores condições para liderar.

Portanto, se é verdade que esta obra é uma poderosa ferramenta para galgar o poder, considere fazer uso dela com toda a responsabilidade, acima de tudo considerando que a maldade está muito mais no uso que os príncipes fazem do poder do que no poder em si.

RAFAEL ARRAIS

DEDICATÓRIA

Ao magnífico Lorenzo de Medici

Aqueles que desejam conquistar as graças de um príncipe costumam lhe trazer as coisas que consideram mais caras ou nas quais o vejam encontrar satisfação, por isso lhe são oferecidos cavalos, armas, tecidos de ouro, pedras preciosas e outros ornamentos semelhantes, dignos da sua grandeza. Assim sendo, desejando me oferecer a Vossa Magnificência com um testemunho qualquer da minha submissão, não encontrei entre as minhas posses coisa a mim mais cara ou que tanto considere quanto o conhecimento das ações dos grandes homens conquistado através de uma longa experiência das coisas modernas e uma contínua lição das antigas. Após haver longamente refletido e examinado com grande cuidado, agora é este conhecimento que, reduzido a um pequeno volume, envio a Vossa Magnificência.

E ainda que julgue esta obra indigna do vulto de Vossa Magnificência, mesmo assim confio que ela deva ser aceita, considerado que de minha parte não lhe possa ser conferido maior presente senão o de lhe conceder a faculdade de poder, em tempo assaz breve, compreender tudo aquilo que eu, em tantos anos e com tantos incômodos e perigos, vim a conhecer. Não ornamentei este trabalho, nem o enchi de períodos sonoros ou de palavras estilosas e magníficas, ou de qualquer outra figura de retórica ou truques com os quais muitos costumam desenvolver e enfeitar as suas obras; e isto porque não quero que outra coisa o valorize, a não ser a variedade da matéria e a gravidade do assunto a tornarem-no agradável. Tampouco é meu desejo que se considere presunção se um homem de baixa e ínfima condição ousa discorrer e estabelecer regras a respeito do governo dos príncipes: assim como aqueles que desenham a paisagem se colocam nas planícies para considerar a natureza dos montes e montanhas e, para observar aquelas, se situam em posição elevada sobre elas, também, para bem conhecer o caráter do povo, é preciso ser príncipe; e para compreender o do príncipe, é preciso ser povo. Receba assim, Vossa Magnificência, este pequeno presente com aquele intuito com que o envio; nele, se diligentemente considerado e lido, encontrará o meu extremo desejo de que lhe advenha aquela grandeza que a fortuna e as suas outras qualidades lhe prometem. E se Vossa Magnificência, das alturas em que se encontra, alguma vez voltar os olhos para baixo, notará quão imerecidamente suporto um grande e contínuo infortúnio.

O PRÍNCIPE

CAPÍTULO I
DE QUANTAS ESPÉCIES SÃO OS PRINCIPADOS E COMO SÃO ADQUIRIDOS

Todos os Estados, todos os governos que tiveram e têm autoridade sobre os homens, foram e são ou repúblicas ou principados. Os principados são ou hereditários, quando o sangue da família é nobre já há um longo tempo, ou novos. Os novos podem ser totalmente novos, como foi Milão com Francisco Sforza, ou o são como membros acrescidos ao Estado hereditário do príncipe que os adquire, como é o reino de Nápoles em relação ao rei da Espanha. Essas terras assim obtidas estão acostumadas ou a viverem submetidas a um príncipe ou a serem livres, sendo adquiridas com tropas de outrem ou com as próprias, bem como pela fortuna ou por virtude.

CAPÍTULO II
DOS PRINCIPADOS HEREDITÁRIOS

Não falarei aqui das repúblicas porque delas tratei longamente noutra oportunidade. Voltarei a minha atenção somente para os principados, irei delineando os princípios descritos e discutirei como eles devem ser governados e mantidos. Assim, afirmo que para a preservação dos Estados hereditários e afeiçoados à linhagem do seu príncipe, as dificuldades são bem menores que nos novos. Já é bastante não preterir os costumes dos antepassados e, depois, contemporizar com os acontecimentos fortuitos, de tal forma que se um tal príncipe for dotado de capacidade mediana sempre se manterá no poder, a menos que uma extraordinária e excessiva força dele venha a privá-lo; mas, uma vez dele destituído, mesmo que o usurpador seja temido, ainda poderá voltar a conquistá-lo.

Nós temos na Itália, por exemplo, o duque de Ferrara, que não cedeu aos assaltos dos venezianos em 1484 nem aos do papa Júlio em 1510, apenas por ser antigo naquela terra. Na verdade, o príncipe natural tem menos razões e necessidade de ofender: daí se conclui que deve ser mais amado e, se não se faz odiar por vícios inconvenientes, é lógico e natural que seja bem visto por todos. Na Antiguidade e continuação do exercício do poder apagam-se as lembranças e as causas das inovações, porque uma mudança sempre deixa marcada a base para o surgimento de outra.

CAPÍTULO III
DOS PRINCIPADOS MISTOS

Mas é nos principados novos que residem as dificuldades. Em primeiro lugar, se não é totalmente novo, mas sim o membro anexado a um Estado hereditário (que, no seu conjunto, pode se chamar "quase misto"), as suas variações resultam sobretudo de uma natural dificuldade inerente a todos os principados novos: é que os homens, com satisfação, mudam de senhor pensando em melhorar de vida, e esta crença faz com que peguem em armas contra o senhor atual, no que se enganam porque, pela sua própria experiência, mais tarde percebem que pioraram a sua situação. Isso depende de uma outra necessidade natural e ordinária, a qual faz com que o novo príncipe sempre precise ofender os novos súditos com os seus soldados e com outras infinitas injúrias que se lançam sobre a recente conquista. Desse modo, ele tem como inimigos todos aqueles que ofendeu com a ocupação daquele principado, e não pode manter como amigos os que o puseram ali por não poder satisfazê-los da maneira como tinham imaginado, nem lhes aplicar corretivos violentos, uma vez que está a eles enlaçado. Porque sempre, mesmo que detendo enorme poderio militar, há a necessidade do apoio dos habitantes para se penetrar numa província.

Foi por essas razões que Luís XII, rei da França, ocupou Milão rapidamente e logo depois o perdeu, para tanto bastando inicialmente as forças do duque Ludovico, porque aquelas populações que lhe haviam aberto as portas, reconhecendo o erro da sua esperança anterior e descrentes daquele bem-estar futuro que tinham imaginado, não mais podiam suportar os dissabores causados pelo novo príncipe.

É bem verdade que, reconquistando posteriormente as regiões rebeladas, mais dificilmente serão perdidas, porque o senhor, em razão da rebelião, é mais resoluto em se assegurar da punição daqueles que lhe faltaram com a lealdade, em investigar os suspeitos e em reparar os pontos mais fracos. Assim sendo, para que a França perdesse Milão pela primeira vez foi suficiente ao duque Ludovico fazer motins nos seus limites; para perdê-lo pela segunda vez foi preciso que tivesse contra si o mundo todo e que os seus exércitos fossem derrotados ou expulsos da Itália, o que resultou das razões logo acima apontadas.

Não obstante, tanto na primeira como na segunda vez, Milão lhe foi tomado. As razões gerais da primeira foram expostas; resta agora falar sobre as da segunda vez e ver de que remédios dispunha a França, e de que meios poderá valer-se quem venha a se encontrar nessas circunstâncias para poder se manter na posse da conquista melhor do que o fez esse país.

Assim sendo, afirmo que estes Estados conquistados e anexados a um Estado antigo ou são da mesma província e da mesma língua ou não o são: quando são, é deveras fácil mantê-los apaziguados, ainda mais quando não estão habituados a viver em liberdade; e para dominá-los seguramente será bastante ter-se extinguido a casta do príncipe que os governava, porque nas outras coisas, conservando-se as suas velhas condições e não existindo alteração de costumes, os homens passam a viver tranquilamente, como se viu ocorrer na Borgonha, na Bretanha, na Gasconha e na Normandia, que por tanto tempo estiveram com a França: a despeito da relativa diversidade de línguas, graças à semelhança de costumes ficou fácil às pessoas se entender entre si. E quem conquista, querendo conservá-los, deve adotar duas medidas: a primeira, fazer com que a linhagem do antigo príncipe seja extinta; a outra, não alterar nem as suas leis nem os impostos; por tal forma, dentro de um espaço de tempo muito curto, o território conquistado passa a constituir todo um enlace com o principado antigo.

Todavia, quando se conquistam territórios numa província com língua, costumes e leis diferentes, aqui surgem as dificuldades, e é necessário haver boa sorte e muita habilidade para mantê-los. E um dos maiores e mais eficientes remédios é quando o próprio conquistador se muda e vai habitá-los. Isto por si só torna mais segura e duradoura a posse conquistada, como se tornou a do turco da Grécia, que a despeito de ter observado todas as leis locais não teria conservado esse território se para lá não tivesse se transferido. Isso porque, estando no local, pode-se perceber o nascimento das desordens e rapidamente pode-se reprimi-las; lá não estando, delas somente se tem notícia quando já se encontram alastradas, fora de solução. Além disso, a província conquistada não é saqueada pelos vice-governantes; os súditos ficam satisfeitos porque o acesso ao príncipe se torna mais fácil, e assim têm mais razões para amá-lo, quando desejam cooperar, e para temê-lo, caso queiram agir por forma antagônica. Quem estiver no exterior e desejar assaltar aquele Estado, por ele terá maior respeito; pois, residindo nele, o príncipe somente com muita dificuldade poderá vir a perdê-lo.

Outra solução eficaz é instalar colônias num ou dois pontos, que sejam como grilhões postos àquele Estado, pois é necessário fazer como tal ou lá manter muitas tropas. Com as colônias não se despende muito e, sem grande custo, podem ser instaladas e mantidas, sendo que a sua criação prejudica somente aqueles de quem se tomam os campos e as casas para cedê-los aos novos habitantes, os quais constituem uma parcela mínima do Estado conquistado. Ainda, os assim prejudicados, ficando dispersos e pobres, não podem causar dano algum, ao passo que os não lesados ficam à parte, amedrontados, devendo aquietar-se ao pensamento de que não poderão errar para que a eles não ocorra o mesmo que aconteceu àqueles que foram espoliados. Concluo dizendo que essas colônias não são dispendiosas, e além disso são mais fiéis, ofendem menos, e os prejudicados não podem causar mal, tornados pobres e dispersos como já foi dito. Assim se conclui que os homens devem ser afagados ou eliminados, pois se por ventura eles se vingam das pequenas ofensas, com as graves já não têm o que fazer; daí decorre que a ofensa que se faz ao homem deve ser tal que dela não se possa temer vingança.

Mas ao se manter, em lugar de colônias, forças militares gasta-se muito mais, uma vez que toda a arrecadação é absorvida daquele Estado pela guarda aí destacada; dessa forma, a conquista se transforma em perda e ofende muito mais porque danifica todo aquele país com as mudanças do alojamento do exército, incômodo esse que todos sentem e que transforma cada habitante em inimigo: e são inimigos que podem causar dano ao conquistador, já que, apesar de vencidos, ainda residem na sua própria casa. Sob qualquer ponto de vista essa guarda armada é inútil, ao passo que a criação de colônias é útil.

Além disso, quem se encontra à frente de uma província diferente, como foi dito, deve se tornar chefe e defensor dos mais fracos, tratando de enfraquecer os poderosos e cuidando que em hipótese alguma aí penetre um forasteiro tão forte quanto ele. E sempre surgirá quem seja chamado por aqueles que na província se sintam descontentes, seja por excessiva ambição, seja por medo, como viu-se terem os etólios introduzido na Grécia os romanos, que, aliás, em todas as outras províncias que conquistaram, fizeram-no auxiliados pelos respectivos habitantes. E a ordem das coisas é tal que, tão logo um estrangeiro poderoso adentra uma província, todos aqueles que nela são mais fracos a ele dão adesão, movidos pela inveja contra quem se tornou poderoso sobre eles; tanto assim é que em relação a estes não se torna necessário grande trabalho para obter seu apoio, pois logo todos eles, voluntariamente, formam bloco com o seu Estado conquistado. Apenas deve haver o cuidado de não permitir que eles venham a ter muito poder e muita autoridade, podendo o conquistador, facilmente, com as suas forças e com o apoio deles, abater os que ainda estejam fortes para tornar-se senhor absoluto daquela província. E quem não encaminhar satisfatoriamente tal empreendimento bem cedo perderá a sua conquista; e mesmo enquanto puder conservá-la, terá infinitos aborrecimentos e dificuldades.

Os romanos, nas províncias que vieram a conquistar, observaram bem esses pontos; fundaram colônias, conquistaram a amizade dos menos prestigiosos, sem lhes aumentar o poder, abateram os mais fortes e não deixaram que os estrangeiros poderosos adquirissem fama. Quero tomar como exemplo apenas a província da Grécia. Os aqueus e os etólios se tornaram amigos dos romanos; o reino dos macedônios foi humilhado, Antíoco foi expulso; mas nem os méritos dos aqueus e dos etólios lhes asseguraram permissão para conquistar algum Estado, nem a persuasão de Felipe conseguiu fazer com que os romanos se tornassem seus amigos e não o diminuíssem, nem o poder de Antíoco conseguiu fazer com que eles o autorizassem a manter o seu domínio naquela província. Isso tudo ocorreu porque os romanos fizeram nesses casos aquilo que todo príncipe inteligente deve fazer: não somente vigiar e ter cuidado com as desordens atuais como também com as futuras, evitando-as com toda a cautela porque, previstas a tempo, facilmente se lhes pode apaziguar; mas, esperando que se avultem, o remédio não chega a tempo, e o mal já então se tornou incurável. Ocorre aqui como no caso do tuberculoso, segundo os médicos: no princípio é simples a cura e complexo o diagnóstico, mas com o decorrer do tempo, se a enfermidade não foi conhecida nem tratada, torna-se simples o diagnóstico e complexa a cura. Assim também ocorre nos assuntos do Estado porque, conhecendo com antecedência os males que o atingem (o que não é dado senão a um homem prudente), a cura é rápida; mas quando, por não se os ter conhecido logo, vêm eles a crescer de modo a se tornarem do conhecimento de todos, a possibilidade do remédio deixa de existir.

Contudo, os romanos, prevendo as perturbações, sempre as impediram e jamais, para fugir à guerra, permitiram que elas seguissem o seu curso, pois sabiam que a guerra não se evita, mas apenas se adia em benefício dos outros; por isso mesmo, promoveram a guerra contra Felipe e Antíoco na Grécia para evitar terem de fazê-la na Itália e, no entanto, podiam ter evitado a luta naquele momento se o quisessem. Tampouco em momento algum lhes agradou aquilo que todos os dias está nos lábios dos entendidos do nosso tempo, o desejo de gozar do benefício da contemporização, mas sim apenas aquilo que resultava da sua própria virtude e prudência: na realidade o tempo lança à frente todas as coisas e pode transformar o bem em mal e o mal em bem.

Mas voltemos à França e examinemos se ela fez alguma das coisas que expomos, falando eu de Luís XII, e não de Carlos VIII, porque foi dele que, por ter mantido mais prolongado domínio na Itália, melhor se viram os progressos: e poder-se-á constatar como ele fez o contrário que se deve fazer para conservar um Estado numa província diferente.

O rei Luís foi conduzido à Itália pela ambição dos venezianos que, por tal meio, quiseram ganhar o Estado da Lombardia. Não desejo censurar o partido tomado pelo rei; porque, querendo começar a pôr um pé na Itália e não tendo amigos nessa província, e lhe sendo, ao contrário, fechadas todas as portas em razão do comportamento do rei Carlos, foi obrigado a servir-se daquelas amizades com as quais podia contar: e até teria lhe resultado uma boa escolha tal partido, se nas suas outras ações não tivesse cometido erro algum. Conquistada, pois, a Lombardia, o rei readquiriu prontamente aquela reputação que Carlos perdera: Gênova cedeu; os florentinos tornaram-se seus amigos; o marquês de Mântua, o duque de Ferrara, Bentivoglio, a senhora de Forli, o senhor de Faenza, de Pesaro, de Rimini, de Camerino, de Piombino, os Lucchese, os Pisano e os Sienese, todos foram ao seu encontro para se tornarem seus amigos. Os venezianos puderam considerar então a temeridade da resolução que haviam adotado, pois que, para conquistar dois pedaços de terra na Lombardia, fizeram o rei se tornar senhor de dois terços da Itália.

Considere-se agora com quanta facilidade poderia o rei manter a sua reputação na Itália se, observadas as normas já referidas, tivesse conservado seguros e defendidos todos aqueles seus amigos, que, embora em grande número, eram fracos e temerosos, uns da Igreja, outros dos venezianos, e assim precisariam sempre estar com ele; por meio deles poderia, facilmente, ter-se assegurado contra os que ainda se conservavam fortes.

Mas ele, recém-chegado a Milão, fez o contrário, dando auxílio ao papa Alexandre para que ocupasse a Romanha. Nem percebeu que com essa deliberação enfraquecia a si próprio, afastando os amigos e aqueles que tinham se lançado aos seus braços, enquanto fortalecia a Igreja acrescentando ao poder espiritual, que lhe dá tanta autoridade, tamanha força temporal. Cometido um primeiro erro, foi compelido a seguir praticando outros até que, para pôr fim à ambição de Alexandre e evitar que este se tornasse senhor da Toscana, teve de vir pessoalmente à Itália.

Não lhe bastou ter tornado grande a Igreja e perder os amigos; por querer o reino de Nápoles, dividiu-o com o rei da Espanha; e sendo o principal árbitro da Itália, aí colocou um companheiro para que os ambiciosos daquela província e os descontentes com ele mesmo tivessem onde se refugiar; e em vez de deixar naquele reino um soberano a ele sujeito, tirou-o para, no seu lugar, colocar um outro que poderia vir a expulsá-lo dali.

É coisa muito natural e comum o desejo de conquistar, e sempre, quando os homens podem fazê-lo, serão exaltados, ou pelo menos não serão censurados; mas quando não têm possibilidade e querem tentar a conquista de qualquer maneira, aqui está o erro e, consequentemente, a censura. Se a França, pois, podia assaltar Nápoles com as suas forças, devia fazê-lo; se não podia, não devia dividir esse reino. E se a divisão que fez com os venezianos sobre a Lombardia mereceu desculpa por ter com ela firmado um pé na Itália, aquela merece censura em razão de não ser justificada por essa necessidade.

Tinha, pois, Luís cometido estes cinco erros: eliminou os mais fracos; aumentou na Itália o prestígio de um poderoso; aí colocou um estrangeiro poderosíssimo; não veio a residir no país; e, finalmente, não instalou colônias.

Estes erros, contudo, poderiam não ter causado dano enquanto ele ainda estivesse vivo se não houvesse sido cometido o sexto erro: tomar os territórios aos venezianos. Na verdade, se não tivesse tornado grande a Igreja nem introduzido a Espanha na Itália, seria bem razoável e necessário enfraquecê-los; mas, uma vez tomadas aquelas medidas, ele nunca deveria ter consentido na sua ruína, pois, sendo poderosos, eles teriam sempre mantido aquelas à distância da Lombardia, e isso porque os venezianos jamais iriam consentir em qualquer manobra contra esse Estado, a menos que eles se tornassem os senhores, da mesma forma que os outros não iriam querer tomá-lo à França para dá-lo aos venezianos, ao mesmo tempo que lhes faltava coragem para entrar em luta com estes e com a França. E se alguém dissesse "O rei Luís cedeu a Romanha a Alexandre e o reino à Espanha para fugir a uma guerra", eu responderia com as razões já anteriormente expostas de que nunca se deve deixar prosseguir uma crise para escapar a uma guerra, mesmo porque dela não se foge, mas apenas se adia, para a própria desvantagem. E se alguns outros alegassem a palavra que o rei dera ao papa de realizar para ele aquela conquista em troca da dissolução do seu casamento e do chapéu cardinalício para o arcebispo de Ruão, eu responderia com o que mais adiante será dito acerca da palavra dos príncipes e de como ela deve ser respeitada.

Perdeu, pois, o rei Luís a Lombardia por não ter respeitado nenhum dos princípios observados por outros que dominaram províncias e quiseram conservá-las. Não há aqui algum milagre, mas sim algo muito comum e factível. E deste assunto falei em Nantes ao arcebispo de Ruão, quando Valentino, assim popularmente chamado César Bórgia, filho do papa Alexandre, ocupava a Romanha: porque, dizendo-me o cardeal de Ruão que os italianos não entendiam de guerra, lhe respondi dizendo que os franceses não entendiam do Estado, pois que, se de tal compreendessem, não teriam deixado que a Igreja alcançasse tanto poder. E por experiência viu-se que a grandeza da Igreja e da Espanha na Itália foi causada pela França, e a ruína desta foi acarretada por aquelas.

Disso se extrai uma regra geral que nunca ou raramente falha: quem é a causa do poder de alguém cairá em ruína, porque tal poder concedido resulta ou da astúcia ou da força de quem o concedeu, e ambas são suspeitas para aquele que veio a se tornar poderoso.

CAPÍTULO IV
POR QUE O REINO DE DARIO, OCUPADO POR ALEXANDRE, NÃO SE REBELOU CONTRA OS SEUS SUCESSORES APÓS A MORTE DESTE

Consideradas as dificuldades que devem ser enfrentadas para a conservação de um Estado recém-conquistado, alguém poderia ficar pasmo ante o fato de que, tendo se tornado senhor da Ásia em poucos anos, mal terminada a sua ocupação, Alexandre Magno veio a morrer e, apesar de parecer razoável que todo aquele Estado viria a se rebelar, os seus sucessores o conservaram, e para tanto não encontraram outra dificuldade senão aquela que nasceu entre eles mesmos, fruto das ambições pessoais. Meu argumento é que os principados dos quais se conserva certa fama e memória têm sido governados de duas formas diversas: ou por um príncipe, sendo todos os demais servos que, elevados a ministros por sua graça e concessão, ajudam a governar o Estado, ou por um príncipe e por barões, os quais, não por graça do senhor mas por antiguidade de sangue, têm aquele grau de ministros. Estes barões têm Estados e súditos próprios que os reconhecem por senhores e a eles dedicam natural afeição. Os Estados que são governados por um príncipe e servos têm aquele com maior autoridade, porque em toda a sua província não existe alguém reconhecido como chefe senão ele, e se os súditos obedecem a algum outro, o fazem antes em razão da sua posição de ministro e oficial, não lhe dedicando a menor afeição.

Os exemplos dessas duas espécies de governo são, em nossa época, o turco e o rei da França. Toda a monarquia turca é dirigida por um senhor: os outros são seus servos; dividindo o seu reino em sanjaques [espécie de divisão administrativa], para aí manda diversos administradores e os muda e varia de acordo com a sua própria vontade. Mas o rei da França está em meio a uma multidão de antigos senhores que, nessa qualidade, são reconhecidos pelos seus súditos e por eles estimados: eles têm as suas preeminências, e não pode o rei privá-los delas sem acarretar perigo para si próprio. Assim sendo, quem tiver em mira algum desses governos encontrará dificuldades para conquistar o Estado turco, mas, uma vez tendo vencido, encontrará grande facilidade para conservá-lo.

As razões da dificuldade em ocupar o reino turco decorrem de o atacante não poder ser convocado por príncipes daquele reino, nem esperar, com a rebelião dos que rodeiam o poder, que a sua empreitada possa ser facilitada: é o que resulta das razões referidas. Porque, sendo todos escravos e obrigados, são mais dificilmente corruptíveis e, quando fossem subornados, pouco de útil se poderia esperar, visto não serem eles capazes de arrastar o povo atrás de si, pelos motivos já mencionados. Logo, se alguém assaltar o Estado turco, deve pensar que irá encontrá-lo todo unido, convindo contar mais com as suas próprias forças que com as desordens do oponente. Mas, vencido que seja e uma vez desbaratado em batalha campal, de modo que não possa refazer os seus exércitos, não se deve recear outra coisa senão a dinastia do príncipe; uma vez tendo sido extinta, então já não restará ninguém mais que deva ser temido, pois que os demais não gozam de prestígio com o povo; e como o vencedor deste nada podia esperar antes da vitória, depois dela não deve receá-lo.

O contrário ocorre nos reinos como o da França, porque com facilidade se pode invadi-lo em obtendo o apoio de algum barão do reino, visto que sempre se encontram tanto os descontentes quanto aqueles que anseiam fazer inovações. Estes, pelas razões já mencionadas, podem abrir o acesso àquele Estado e facilitar a vitória. No entanto, a manutenção de tal conquista arrasta atrás de si infinitas dificuldades, seja com aqueles que ajudaram, seja com os que foram oprimidos. Não é bastante extinguir a linhagem do príncipe, pois permanecem aqueles senhores que se tornam chefes das novas rebeliões e, não podendo nem contentá-los nem exterminá-los, perde aquele Estado tão logo surja a oportunidade.

Ora, se for considerado a qual natureza pertencia o governo de Dario, se encontrará muita semelhança ao reino do turco. Para Alexandre foi necessário primeiro encurralá-lo e desbaratá-lo em batalha campal, sendo que, depois da vitória, estando morto Dario, aquele Estado se tornou seguro para Alexandre pelas razões acima expostas. Os seus sucessores, se tivessem sido unidos, poderiam ter gozado tranquilamente do seu governo, pois ali não surgiram outros tumultos que não os por eles próprios provocados. Mas quanto aos Estados organizados como o da França, é impossível possuí-los com tanta tranquilidade. Dessa circunstância é que nasceram as frequentes rebeliões da Espanha, da França e da Grécia contra os romanos; em decorrência do grande número de principados que havia naqueles Estados e por todo o tempo em que perdurou a sua memória, os romanos estiveram inseguros na posse daquelas terras. Mas uma vez extinta a lembrança dos principados, com o poder e a constância da sua autoridade, os romanos se tornaram dominadores seguros. Puderam eles, também, combatendo mais tarde em lutas internas, arrastar cada facção para o seu lado, tendo assim a fidelidade de parte daquelas províncias, segundo a autoridade que haviam adquirido sobre elas; e essas províncias, pelo fato de não mais existir o sangue dos seus antigos senhores, não reconheciam senão a soberania dos romanos. Assim, consideradas todas estas coisas, ninguém se surpreenderá com a facilidade que Alexandre encontrou para conservar o Estado da Ásia, e as dificuldades que foram encontradas pelos demais para manterem os seus reinos conquistados, como Pirro e muitos outros. Isso não resultou da muita ou da pouca virtude do vencedor, mas sim da diversidade de forma do objeto da conquista.

CAPÍTULO V
DE QUE MODO DEVEM-SE GOVERNAR CIDADES OU PRINCIPADOS QUE, ANTES DE SUA OCUPAÇÃO, VIVIAM COM AS SUAS PRÓPRIAS LEIS

Quando aqueles Estados que se conquistam, como foi dito, estão habituados a viver com as suas próprias leis e em liberdade, existem três modos de conservá-los: o primeiro, arruiná-los; o outro, ir residir neles pessoalmente; o terceiro, deixá-los viver com as suas leis, arrecadando um tributo e criando no seu interior um governo de poucos, que se conservam amigos porque, sendo esse governo criado por aquele príncipe, sabe que ele não pode permanecer sem a sua amizade e o seu poder, e há que se fazer todo o possível para os conservar. Querendo preservar uma cidade habituada a viver livre, é por intermédio dos seus próprios cidadãos que a conservará mais facilmente do que por qualquer outra receita.

Como exemplos, existem os espartanos e os romanos. Os espartanos conservaram Atenas e Tebas, nelas criando um governo de poucos; todavia, terminaram por as perder. Os romanos, para manterem Cápua, Cartago e Numância, destruíram-nas e não as perderam; quiseram conservar a Grécia quase como o fizeram os espartanos, tornando-a livre e deixando-lhe as suas próprias leis, e não o conseguiram: em razão disso, para conservá-la, foram obrigados a destruir muitas cidades daquela província.

É que na realidade não existe modo seguro para conservar tais conquistas, senão a destruição. E quem se torne senhor de uma cidade acostumada a viver livre e não a destrua que espere ser destruído por ela, porque ela sempre encontra, para o apoio da sua rebelião, o nome da liberdade e o das suas antigas instituições, jamais esquecidas pelo decurso do tempo ou por benefícios recebidos. Por mais que se faça e se proveja, se não se dissolvem ou desagregam os habitantes, eles não esquecem aquele nome nem aquelas instituições, e logo, a cada incidente, a eles recorrem como fez Pisa cem anos após estar submetida aos florentinos.

Todavia, quando as cidades ou as províncias estão acostumadas a viver sob um príncipe, extinta a dinastia, sendo de um lado afeiçoadas a obedecer e de outro não tendo o príncipe antigo, dificilmente chegam a algum acordo para a escolha de um outro príncipe; eis que não sabem, enfim, viver em liberdade: dessa forma, são mais lerdas para pegar em armas e, com maior facilidade, pode um príncipe as vencer e delas se apoderar. Contudo, nas repúblicas há mais vida, mais ódio, mais desejo de vingança; não deixam nem podem deixar esmaecer a lembrança da antiga liberdade: assim, o caminho mais seguro é destruí-las ou habitá-las pessoalmente.

CAPÍTULO VI
DOS PRINCIPADOS NOVOS QUE SE CONQUISTAM COM AS PRÓPRIAS ARMAS E DE FORMA VIRTUOSA

Que ninguém se admire se, na exposição que irei fazer a respeito dos principados completamente novos de príncipe e de Estado, eu apontar exemplos de grandes personagens; porque, percorrendo os homens quase sempre as estradas já desbravadas pelos demais, procedendo nas suas ações por imitações, não sendo possível seguir fielmente as trilhas alheias nem alcançar a virtude do que se imita, deve um homem prudente seguir sempre pelas vias percorridas pelos que se tornaram grandes e imitar aqueles que foram excelentes, isto para que, não sendo possível chegar à virtude destes, pelo menos daí venha a tirar algum proveito; deve fazer como os arqueiros hábeis que, considerando muito distante o ponto que desejam atingir e sabendo até onde vai a capacidade de seu arco, fazem mira bem mais alto que o local visado, não para alcançar com a sua flecha tanta altura, mas para poder com o auxílio de tão elevado ângulo atingir o seu alvo.

Assim, afirmo que no principado completamente novo, onde exista um novo príncipe, encontra-se menor ou maior dificuldade para mantê-lo, segundo seja mais ou menos virtuoso quem o conquiste. E porque o elevar-se de particular a príncipe pressupõe ou virtude ou boa sorte, é claro que uma ou outra dessas duas razões mitigará em parte muitas dificuldades; não obstante, se tem observado que aquele que menos se apoiou na sorte reteve o poder mais seguramente. Gera ainda facilidade o fato de, por não possuir outros Estados, ser o príncipe obrigado a vir habitá-lo pessoalmente.

Para reportar-me àqueles que pela sua própria virtude e não pela sorte se tornarem príncipes, digo que os maiores são Moisés, Ciro, Rômulo, Teseu e outros tais. Se bem que de Moisés não se deva cogitar por ter sido ele mero executor daquilo que lhe era ordenado por Deus, contudo deve ser admirado somente por aquela graça que o tornava digno de conversar com o Senhor. Mas consideremos Ciro e os demais que conquistaram ou fundaram reinos: todos eles serão vistos como admiráveis. E se forem consideradas as suas ações e ordens particulares, estas não parecerão tão distintas daquelas de Moisés, que teve tão grande conselheiro. E, examinando as ações e a vida deles, não se vê que tivessem algo de sorte senão a ocasião, que lhes forneceu meios para poder adaptar as coisas da forma que melhor lhes apeteceu; e sem aquela oportunidade o seu valor pessoal teria se apagado, e sem essa virtude a ocasião teria surgido em vão.

Era necessário, pois, a Moisés encontrar o povo de Israel no Egito, escravizado e oprimido pelos egípcios, a fim de que, para libertar-se da escravidão, aquele se dispusesse a segui-lo. Convinha que Rômulo não pudesse ser mantido em Alba e fosse abandonado ao nascer, para que se tornasse rei de Roma e fundador daquela pátria. Era preciso que Ciro encontrasse os persas descontentes do império dos medas, e estes estivessem amolecidos e efeminados pela prolongada paz. Não poderia Teseu demonstrar a sua virtude se não encontrasse os atenienses dispersos. Essas oportunidades, portanto, fizeram esses homens felizes, e a sua excelente capacidade fez com que aquela ocasião fosse conhecida de cada um: em consequência, a sua pátria foi enobrecida e se tornou célebre.

Aqueles que, pelas suas virtudes, semelhantes às que os já mencionados tiveram, tornam-se príncipes conquistam o principado com dificuldade, mas com facilidade o conservam; e os obstáculos que lhes são apresentados ao conquistar o principado nascem parcialmente das novas disposições e dos sistemas de governo que são forçados a introduzir para fundar o seu Estado e estabelecer a sua segurança. Deve-se considerar não haver coisa mais difícil para cuidar, nem mais duvidosa a conseguir, nem mais perigosa de manejar, que se tornar chefe e introduzir novas ordens. Isso porque o introdutor tem por inimigos todos aqueles que obtinham vantagens com as velhas instituições e encontra fracos defensores naqueles que das novas ordens se beneficiam. Esta fraqueza nasce em parte por medo dos adversários que ainda têm as leis conforme os seus interesses, em parte pela incredulidade dos homens: estes, em verdade, não creem nas inovações se não as veem resultar de uma firme experiência. Donde resulta que a qualquer momento em que os inimigos tenham oportunidade de atacar, o fazem com o calor de quem segue fielmente uma seita, ao passo que os outros defendem fracamente, de forma que ao lado deles se corre sério perigo.

É necessário, pois, querendo bem expor esta parte, examinar se esses inovadores se baseiam sobre as suas próprias forças ou se dependem de outros, isto é, se para levar avante a sua obra é preciso que supliquem a alguém, ou se em realidade podem forçar a inovação por si mesmos. No primeiro caso, sempre acabam mal e não realizam coisa alguma; mas, quando dependem de si mesmos e podem forçar, então é que raras vezes chegam a correr algum perigo. Eis o motivo por que todos os profetas armados venceram e os desarmados fracassaram. Porque, além dos fatos apontados, a natureza dos povos é muito variada, e, embora seja fácil persuadi-los de algo, é difícil firmá-los nessa persuasão. Assim, é conveniente estar preparado para que, quando acaso não acreditarem mais, se possa fazê-los crer pela força.

Moisés, Ciro, Teseu e Rômulo não teriam conseguido fazer observar por longo tempo as suas constituições se tivessem estado desarmados – como ocorreu nos nossos tempos a frei Girolamo Savonarola, que fracassou nas suas reformas quando a multidão começou a duvidar e ele não dispunha de meios para manter firmes aqueles que haviam acreditado, nem para fazer com que os descrentes passassem a crer. Por isso, têm estes grandes dificuldades na condução e todos os perigos estão no seu caminho, sendo melhor que os superem com o valor pessoal; mas após tê-los superado, quando começam a ser venerados, extintos aqueles que invejavam a sua condição, se tornam poderosos, seguros, honrados e felizes.

A tão altos exemplos quero acrescentar um menor, mas que bem terá alguma relação com aqueles e que julgo suficiente para todos os outros semelhantes: Hierão de Siracusa. Este, em particular, se tornou príncipe de Siracusa; também ele, da sorte somente conheceu a ocasião porque, sendo os siracusanos oprimidos, o elegeram para ser o seu capitão, donde resultou ser feito príncipe. E foi de tanta virtude, mesmo na vida privada, que quem escreveu a seu respeito disse: *"Quod nihil illi deerat ad regnandum praeter regnum."* [Não lhe faltava nada além de um reino para ser rei.] Ele extinguiu a velha milícia, organizou a nova, abandonou as antigas amizades, conquistou novas; e, como teve amizades e soldados seus, pôde assim, sobre tais fundamentos, erigir as obras que bem desejou: tanto que lhe custou muito esforço para conquistar e pouco para manter.

CAPÍTULO VII
DOS PRINCIPADOS NOVOS QUE SE CONQUISTAM COM AS ARMAS E A FORTUNA DOS OUTROS

Aqueles que somente por fortuna se tornam príncipes com pouco esforço assim se transformam, mas só com muito trabalho assim se mantêm: não encontram nenhuma dificuldade pelo caminho porque atingem o posto a voo; mas toda sorte de dificuldades surge depois que aí estão. São aqueles aos quais é dado um Estado, seja por dinheiro, seja pela graça do concedente: como ocorreu a muitos na Grécia, nas cidades da Jônia e do Helesponto, onde foram feitos príncipes por Dario, a fim de que as conservassem para a sua segurança e glória; como eram feitos, ainda, aqueles imperadores que, por corrupção dos soldados, mesmo como homens comuns alcançavam o domínio do Império.

Estes estão simplesmente submetidos à vontade e à fortuna de quem lhes concedeu o Estado, que são duas coisas grandemente volúveis e instáveis: dessa forma, não sabem e não podem manter a sua posição. Não sabem, porque, se não são homens de grande engenho e virtude, não é razoável que, tendo vivido sempre em ambiente popular, saibam comandar; não podem, porque não têm forças que lhes possam ser amigas e fiéis. Ainda, os Estados que surgem rapidamente, como todas as demais coisas da natureza que nascem e crescem depressa, não podem ter raízes e estruturação perfeitas, de forma que a primeira adversidade os extingue; salvo se aqueles que, como foi dito, assim repentinamente se tornaram príncipes forem de tanta virtude que saibam desde cedo se preparar para conservar aquilo que a fortuna lhes pôs nas mãos, formando posteriormente as bases que os outros estabeleceram antes de se tornar príncipes.

Destes dois modos de vir a ser príncipe, por virtude ou por fortuna, quero apontar dois exemplos ocorridos nos nossos tempos: estes são Francisco Sforza e César Bórgia. Francisco, pelos meios devidos e com grande virtude, de homem comum tornou-se duque de Milão; e aquilo que com muito esforço conquistara, com pouco trabalho manteve. Por outro lado, César Bórgia, pelo povo chamado duque Valentino, adquiriu o Estado durante a ascensão do seu pai, e no seu declínio o perdeu; isso não obstante ter ele utilizado todos os meios e feito tudo aquilo que devia ser realizado por um homem prudente e virtuoso para lançar raízes naqueles Estados que as armas e a fortuna de outrem lhe tinham concedido. Porque, como se disse antes, quem não lança primeiro os alicerces com uma grande virtude poderá estabelecê-los depois, ainda que se faça com aborrecimentos para o construtor e perigo para o edifício. Dessa forma, se forem considerados todos os progressos do duque, ver-se-á que ele estabeleceu grandes alicerces para o futuro poderio, os quais não julgo supérfluo descrever, pois não saberia que melhores preceitos do que o exemplo das suas ações poderia indicar a um príncipe novato; e se as suas disposições não o salvaram, não foi por culpa sua, mas sim em resultado de uma extraordinária e extrema má fortuna.

Tinha Alexandre VI, ao querer tornar grande o duque seu filho, muitas dificuldades presentes e futuras. Primeiro, não via meio de poder fazê-lo senhor de algum Estado que não fosse Estado da Igreja; voltando-se para tomar um destes, sabia que o duque de Milão e os venezianos não lhe permitiriam, porque Faenza e Rimini estavam já sob a proteção dos venezianos. Via, além disto, as armas da Itália, e em especial aquelas de que poderia servir-se, nas mãos daqueles que deviam temer a grandeza do papa, a saber, os Orsini, os Colonna e seus partidários. Cabia a ele, portanto, perturbar aquela organização dos Estados italianos e desarticular os que a ela pertenciam, para poder se assenhorear mais seguramente de parte dos seus Estados. Isso foi-lhe fácil, porque encontrou os venezianos que, levados por outras causas, tinham se posto a fazer com que os franceses retornassem à Itália, ao que não somente não se opôs como também tornou mais simples com a dissolução do primeiro matrimônio do rei Luís. Passou, portanto, o rei à Itália com a ajuda dos venezianos e consentimento de Alexandre: nem bem era chegado a Milão, já o papa dele obteve tropas para a conquista da Romanha, a qual tornou-se possível em razão da reputação do rei. Tendo ocupado a Romanha e batido os partidários dos Colonna, o duque, querendo manter a conquista e avançar mais adiante, tinha duas coisas que o impediam: uma, as suas tropas que não lhe pareciam fiéis; a outra, a vontade da França – isto é, temia o duque que lhe falhassem as tropas dos Orsini, das quais se valera, não só o impedindo de conquistar como também tomando-lhe o que foi conquistado, bem como receava que o rei não deixasse de lhe fazer o mesmo. Dos Orsini teve prova quando, depois da tomada de Faenza, assaltando Bolonha, os viu irem friamente a esse assalto; acerca do rei, conheceu a sua disposição quando, tomado o ducado de Urbino, atacou a Toscana; o rei o fez desistir dessa campanha. Em consequência disso, o duque decidiu não mais depender das armas e da boa fortuna dos outros. Inicialmente, enfraqueceu as facções dos Orsini e dos Colonna em Roma; para tanto, atraiu para junto de si todos os adeptos deles que fossem gentis-homens [cavalheiro ou nobre da casa do rei], fazendo-os seus gentis-homens, dando-lhes grandes salários e os honrando segundo as suas qualidades, com comandos e governos; de forma que, em poucos meses, a afeição que mantinham pelas facções foi extinta e voltou-se toda ela para o duque. Depois, esperou a ocasião de eliminar os Orsini, dispersos que já estavam os da casa Colonna, ocasião que lhe surgiu bem e que ele melhor aproveitou; porque, tendo percebido os Orsini, embora já um tanto tarde, que a grandeza do duque e da Igreja era a sua ruína, organizaram uma conferência em Magione, na Perúgia. Dessa reunião nasceram a rebelião de Urbino, os tumultos da Romanha e infinitos perigos para o duque, todos por ele superados com o auxílio dos franceses.

E, uma vez readquirida a reputação, e não se confiando na França nem nas demais tropas estrangeiras, para não as ver fortalecidas, ele se socorreu na astúcia. E tão bem soube dissimular os seus sentimentos que os Orsini, por intermédio do senhor Paulo, se reconciliaram com ele: para se assegurar melhor deste intermediário, o duque não deixou de dispensar-lhe atenções de todo tipo, dando-lhe dinheiro, roupas e cavalos; tanto assim que a simplicidade dos Orsini os levou à Senigalia, às mãos do duque. Eliminados, pois, estes chefes, transformados os seus partidários em amigos do duque, tinha ele lançado bases muito sólidas para o seu poderio, possuindo toda a Romanha com o ducado de Urbino, parecendo-lhe, ainda, ter tornado amiga a Romanha e ganhado para si todas aquelas populações que começavam a experimentar o seu bem-estar.

E porque esta parte é digna de ser conhecida e imitada pelos outros, não desejo omiti-la. Tomada que foi a Romanha, encontrando-a dirigida por senhores impotentes, os quais mais depressa haviam espoliado os seus súditos do que os tinham governado, dando-lhes motivo de desunião em vez de união, tanto que aquela província era toda ela cheia de latrocínios, de brigas e de tantas outras causas de insolência, o duque julgou necessário, para torná-la pacífica e obediente ao poder real, dar-lhe bom governo. Por isso, aí colocou Ramiro de Lorca, homem cruel e solícito, para quem deu os mais amplos poderes. Este, em pouco tempo, tornou-a pacífica e unida, com grandiosa reputação. Depois, entendeu o duque não ser necessária tão excessiva autoridade, e isso porque não duvidava que ela pudesse se tornar odiosa; assim, instalou um juízo civil no centro da província, com um presidente excelentíssimo, onde cada cidade tinha o seu advogado. E porque sabia que os rigores passados tinham dado origem a algum ódio contra a sua pessoa, para limpar os espíritos daquelas populações e conquistá-los completamente, quis mostrar que, se alguma crueldade havia ocorrido, não nascera dele, mas sim da triste e atroz natureza do ministro. Esse foi o seu pretexto para, certa manhã, colocar Ramiro, cortado ao meio, na praça pública de Cesena, com um cepo e um facão ensanguentado ao lado. A ferocidade desse espetáculo fez com que a população ficasse ao mesmo tempo satisfeita e abalada.

Mas voltemos ao ponto de partida. Digo que, encontrando-se o duque bastante forte e relativamente garantido contra os perigos presentes, por ter-se armado a seu modo e ter em boa parte dissolvido aquelas tropas que, próximas, poderiam molestá-lo, lhe restava, no seu desejo de prosseguir com as conquistas, o temor ao rei da França, porque sabia como tal proceder não seria suportado por ele, que, tarde, havia se apercebido de seu erro. Começou, por isso, a procurar novas amizades e a tergiversar com a França na incursão que os franceses fizeram no reino de Nápoles contra os espanhóis que assediavam Gaeta. A sua intenção era garantir-se contra eles, o que lhe teria surtido pronto efeito se Alexandre tivesse continuado vivo.

Esta foi a sua política quanto às coisas presentes. Mas quanto às futuras, ele tinha a temer, inicialmente, que um novo sucessor ao governo da Igreja não fosse seu amigo e procurasse tomar-lhe aquilo que Alexandre lhe dera, e passou a proceder usando quatro estratégias: primeiro, extinguir as famílias daqueles senhores que ele espoliara, para tolher do papa aquela oportunidade; segundo, conquistar todos os gentis-homens de Roma, como foi dito, para poder com eles manter o papa tolhido; terceiro, tornar o Colégio mais seu o quanto possível; quarto, conquistar tanto poder antes que o pai morresse que pudesse por si mesmo resistir a um primeiro impacto. Destas quatro estratégias, à época da morte de Alexandre ele havia realizado três, estando a quarta quase terminada: porque dos senhores despojados ele matou quantos pôde alcançar, e pouquíssimos se salvaram; tinha conseguido o apoio dos gentis-homens romanos e no Colégio possuía uma grande parte; e, quanto à nova conquista, resolvera tornar-se senhor da Toscana, possuía já Perúgia e Piombino e havia tomado a proteção de Pisa.

Como já não necessitava ter respeito à França (que o desmerecera por estarem já os franceses despojados do reino pelos espanhóis, de forma que cada um deles necessitava comprar a sua amizade), saltaria sobre Pisa. Depois disso, Lucca e Siena cederiam prontamente, em parte por ódio dos florentinos, em parte por medo; os florentinos não teriam remédio se ele continuasse a prosperar, como estava a prosperar no ano em que Alexandre morreu, pois adquirira tanto poder e tanta reputação que ele teria se mantido por si mesmo, não mais dependendo da fortuna e das forças dos outros, mas sim da sua própria potência e virtude.

Mas Alexandre morreu cinco anos depois que ele começara a usar a espada. Ele o deixou apenas com o Estado da Romanha consolidado, com todos os outros no ar, em meio a dois fortíssimos exércitos inimigos e doente de morte.

Havia no duque tanta bravura selvagem e tanta virtude, conhecia tão bem como se conquistam ou se perdem os homens, e de tal forma sólidos eram os alicerces que em tão pouco tempo ele lançara que, se não tivessem tido aqueles exércitos o cercando, ou se estivesse são, teria vencido qualquer dificuldade. E que os seus alicerces eram bons se viu claramente: porque a Romanha o esperou por mais de um mês; em Roma, ainda que apenas meio vivo, esteve em segurança; e, se bem os Baglioni, os Vitelli e os Orsini viessem a Roma, nada puderam fazer contra ele. Se não pode fazer papa quem ele queria, pelo menos evitou que o fosse quem ele não queria. Mas se por ocasião da morte de Alexandre ele tivesse estado são, tudo lhe teria sido fácil. Disse-me ele, no dia em que foi eleito o papa Júlio II, que já havia imaginado tudo aquilo que podia acontecer morrendo o pai, e para tudo encontrara remédio, mas jamais havia pensado, além da morte do seu pai, que ele mesmo também pudesse estar para morrer.

Relatadas, assim, todas as ações do duque, eu não saberia como o repreender; antes penso que, como o fiz, deva ser proposto à imitação de todos aqueles que por fortuna e com as armas dos outros subiram ao poder. Porque, tendo grande ânimo e alta intenção, ele não podia portar-se de outra forma; aos seus desígnios, somente se opuseram a brevidade da vida de Alexandre e a sua própria doença. Assim, quem julgar necessário, no seu principado novo, assegurar-se contra os inimigos, adquirir amigos, vencer ou pela força ou pela fraude, fazer-se amar e temer pelo povo, seguir e reverenciar pelos soldados, eliminar aqueles que podem ou têm razões para ofender, reformar as instituições antigas, ser severo e grato, magnânimo e liberal, extinguir a milícia infiel, criar uma nova, manter a amizade dos reis e dos príncipes, de modo que beneficiem de boa vontade ou ofendam com temor, não poderá encontrar exemplos mais recentes que as ações do duque.

Somente se pode acusá-lo na criação de Júlio pontífice, onde infeliz foi a eleição; porque, como foi dito, não podendo fazer um papa de acordo com seu desejo, podia ele impedir que fosse feito quem não quisesse; e não devia jamais consentir no papado daqueles cardeais que tivessem sido por ele ofendidos, ou que, tornados papas, viessem a temê-lo. Na verdade, os homens ofendem ou por medo ou por ódio. Os que ele ofendera eram, entre outros, San Piero ad Vincula, Colonna, San Giorgio, Ascânio Sforza; todos os outros, tornados papas, tinham por que temê-lo, exceto o de Ruão e os espanhóis; estes, por afinidade e por obrigações, aquele pelo poder e por ter ao seu lado o reino da França. Consequentemente, o duque, antes de tudo, devia criar um papa espanhol, e, não podendo, devia consentir que fosse eleito o cardeal de Ruão, e não o de San Piero ad Vincula. E engana-se quem acredita que nas grandes personagens os novos benefícios fazem esquecer as velhas injúrias. Errou, pois, o duque nessa eleição, e essa foi a causa da sua ruína final.

CAPÍTULO VIII
DOS QUE CHEGARAM AO PRINCIPADO POR MEIO DE CRIMES

No entanto, porque se pode virar um príncipe ainda por dois modos que não podem ser atribuídos totalmente à fortuna ou à virtude, não me parece acertado colocá-los à parte, ainda que de um deles se possa mais amplamente cogitar em se falando acerca das repúblicas. Estes são ou quando por qualquer meio criminoso e vil se ascende ao principado, ou quando um cidadão comum se torna o príncipe da sua pátria pelo favor dos seus concidadãos. E falando do primeiro modo, apontarei dois exemplos, um antigo e outro atual, sem entrar, contudo, no mérito desta parte, pois penso seja suficiente, a quem necessite, apenas imitá-los.

Agátocles, o Siciliano, vindo não só de condição comum, mas também ínfima e abjeta, se tornou rei de Siracusa. Filho de um oleiro, teve sempre, no decorrer da sua juventude, uma vida criminosa; todavia, acompanhou os seus atos delituosos de tanto vigor de ânimo e de corpo que, tendo ingressado na milícia, em razão de atos de maldade, chegou a ser pretor de Siracusa. Uma vez investido nesse posto, tendo deliberado tornar-se príncipe e manter pela violência e sem favor dos outros aquilo que por acordo de todos lhe tinha sido concedido, depois de acerca desse seu desejo ter estabelecido acordo com Amilcar, o Cartaginês, que se encontrava em ação com os seus exércitos na Sicília, reuniu certa manhã o povo e o senado de Siracusa como se tivesse de deliberar sobre assuntos pertinentes à república e, a um sinal combinado, fez que seus soldados matassem todos os senadores e os homens mais ricos da cidade; uma vez eles mortos, ocupou e manteve o principado daquela cidade sem nenhuma controvérsia civil. E, se bem por duas vezes os cartagineses tivessem com ele rompido e estabelecido assédio, não só conseguiu defender a sua cidade como ainda, tendo deixado parte da sua gente na defesa contra o cerco, com o restante assaltou a África e em breve tempo libertou Siracusa do sítio, levando os cartagineses a extrema dificuldade: tiveram de com ele estabelecer acordo e contentar-se com as terras da África, deixando a Sicília para Agátocles.

Assim sendo, quem considerar as ações e a vida desse príncipe não encontrará senão pouca coisa que possa atribuir à fortuna: as suas ações resultaram, como acima se disse, não do favor de alguém, mas da sua ascensão na milícia, obtida com mil aborrecimentos e perigos, que lhe permitiu alcançar o principado e, depois, mantê-lo com tantas decisões corajosas e arriscadas. Não se pode, ainda, chamar virtude o assassinato dos seus concidadãos, ou trair os amigos, ser sem fé, sem piedade, sem religião; tais modos podem fazer conquistar o poder, mas não a glória. Além disso, caso se considere a virtude de Agátocles no entrar e no sair dos perigos e a grandeza do seu ânimo no suportar e superar as adversidades, não se achará por que deva ser ele julgado inferior a qualquer dos mais excelentes capitães; contudo, a sua exacerbada crueldade e desumanidade, com infinitas perversidades, não permitem que ele seja celebrado entre os homens mais ilustres. Não se pode, assim, atribuir à fortuna ou à virtude aquilo que sem uma e outra foi por ele conquistado.

Nos nossos tempos, reinando o papa Alexandre VI, Oliverotto de Fermo, que se tornara anos antes órfão de pai, foi criado por um tio materno de nome Giovanni Fogliani; nos primeiros anos da sua juventude, ele foi encaminhado à vida militar sob o comando de Paulo Vitelli, a fim de que, tomado daquela disciplina, atingisse algum excelente posto da milícia. Morto Paulo, militou sob Vitellozzo, irmão daquele, e em muito pouco tempo, por ser engenhoso, de físico e ânimo fortes, se tornou o primeiro homem da sua milícia. Mas, lhe parecendo coisa servil aceitar estar sob as ordens dos outros, com a ajuda de alguns cidadãos de Fermo, aos quais era mais cara a servidão que a liberdade da sua pátria, e com o favor de Vitellozzo, tramou ocupar Fermo. E escreveu a Giovanni Fogliani dizendo que, por ter estado muitos anos fora de casa, desejava ir visitá-lo na sua cidade e conhecer o seu patrimônio; e, como não tinha trabalhado senão para conquistar honras, para que os seus concidadãos vissem como não tinha gasto o tempo em vão, queria chegar com pompa e acompanhado de cem cavalos de amigos e servidores seus; pedia-lhe, pois, ordenar que ele fosse recebido pelos cidadãos de Fermo com todas as honras, o que não somente o dignificaria como também a Fogliani, dado haver sido seu discípulo.

Não deixou Giovanni de despender esforços em favor do seu sobrinho: tendo feito com que os moradores de Fermo o recebessem com honrarias, o alojou na sua casa. Aí, passados alguns dias e pronto para ordenar secretamente aquilo que era necessário à sua futura traição, Oliverotto promoveu um solene banquete para o qual convidou Giovanni Fogliani e todos os principais homens de Fermo. Após consumidas as iguarias, bem como todos os demais entretenimentos usuais em semelhantes ocasiões, Oliverotto, com habilidade, abordou certos assuntos graves, falando da grandeza do papa Alexandre, do seu filho César e dos empreendimentos deles. Tendo Giovanni e os demais respondido a tais considerações, ele se ergueu repentinamente, dizendo ser aquilo assunto para se falar em lugar mais secreto, e se retirando para um cômodo aonde Giovanni e todos os outros o acompanharam. Nem tinham ainda tomado as suas cadeiras, de lugares ocultos saíram soldados que mataram Giovanni e a todos os demais.

Depois dessa matança, Oliverotto montou a cavalo, correu a cidade acompanhado dos seus homens e assediou no seu palácio o supremo magistrado; em consequência, por medo, foram obrigados a obedecê-lo e formar um governo do qual ele se fez príncipe. E assim, assassinados todos aqueles que, por descontentes, poderiam ofendê-lo, Oliverotto se fortaleceu com novas ordens civis e militares de forma que, no período de um ano em que reteve o principado, não somente esteve forte na cidade de Fermo como também se tornou causa de pavor para todas as populações vizinhas. Teria sido difícil a sua destruição, como difícil foi a de Agátocles, se não tivesse se deixado enganar por César Bórgia quando este, em Sinigalia, como já se disse, aprisionou os Orsini e os Vitelli. Aí, preso também ele, foi estrangulado juntamente com Vitellozzo, mestre das suas virtudes e suas maldades, um ano após haver cometido o parricídio.

Talvez alguém ficasse em dúvida sobre a razão por que Agátocles, e algum outro a ele semelhante, após tantas traições e crueldades, pôde viver longamente, sem perigo, dentro da sua pátria e, ainda, se defender dos inimigos externos sem que os seus concidadãos contra ele tivessem conspirado, tanto mais notando-se que muitos outros não conseguiram manter o Estado mediante a crueldade, nem nos tempos pacíficos e muito menos nos incertos tempos de guerra. Penso que isto resulte de as crueldades serem mal ou bem usadas. Bem usadas pode-se dizer serem aquelas (se do mal for lícito falar bem) que se fazem instantaneamente pela necessidade de firmar autoridade e, depois, nelas não se insiste, mas sim se as transforma no máximo possível de utilidade para os súditos; mal usadas são aquelas que, mesmo poucas a princípio, com o decorrer do tempo aumentam em vez de se extinguirem. Aqueles que observam o primeiro modo de agir podem remediar a sua situação com apoio de Deus e dos homens, como ocorreu com Agátocles; aos outros torna-se impossível a continuidade no poder.

Por isso é de se notar que, ao ocupar um Estado, deve o conquistador exercer todas aquelas ofensas que se façam necessárias, realizando todas de uma só vez, para não precisar renová-las a cada dia e poder, assim, dar segurança aos homens e conquistar a sua confiança com benefícios. Quem procede doutra forma, ou por timidez ou por mau conselho, tem sempre necessidade de manter a espada na mão, não podendo nunca confiar nos seus súditos, pois que estes nele também não podem ter confiança diante das novas e contínuas injúrias. Portanto, as ofensas devem ser feitas todas de um só tempo, de modo que, sendo degustadas menos, ofendam menos; ao passo que os benefícios devem ser feitos aos poucos, para que sejam mais bem apreciados.

Acima de tudo, um príncipe deve viver com os seus súditos de modo que nenhum acidente, bom ou mau, o faça variar demasiadamente a sua forma de governar: pois se em tempos adversos surgir alguma necessidade, não se encontrará mais na época de fazer o mal, e se já realizou todo o bem, ele não lhe será mais útil, e o bem que vier a realizar, se julgarem forçado, não lhe trará nenhuma gratidão.

CAPÍTULO IX
DO PRINCIPADO CIVIL

Mas passando a outra parte, quando um cidadão comum, não por maldade ou outra intolerável violência, porém com o favor dos seus concidadãos, vem a se tornar o príncipe da sua pátria, o que se pode chamar principado civil (para tal se tornar, não é necessária muita virtude ou muita riqueza, mas antes uma astúcia afortunada), digo que ele ascende a tal principado ou com o favor do povo ou com aquele da elite dos grandes. Porque em toda cidade se encontram estas duas tendências diversas e isso resulta do fato de que o povo não quer ser mandado nem oprimido pelos poderosos, e estes justamente desejam governar e oprimir o povo – é destes dois anseios diversos que nasce nas cidades um destes três resultados: ou o principado, ou a liberdade, ou a desordem.

    O principado é constituído ou pelo povo ou pela elite, conforme uma ou outra destas partes tenha oportunidade: quando a elite percebe que não será possível resistir ao povo, começa a emprestar prestígio a um dentre eles e o faz príncipe para poder, sob sua sombra, dar expansão ao seu apetite; o povo, também, vendo não poder resistir aos poderosos, volta a estima a um cidadão e o faz príncipe para estar defendido com a autoridade dele. O que chega ao principado com a ajuda dos grandes se mantém com mais dificuldade do que aquele que ascende ao posto com o apoio do povo, pois se encontra príncipe com muitos ao seu redor que parecem seus iguais e, por isso, não pode nem governar nem manobrar como bem entender. Porém, aquele que chega ao principado com o favor popular aí se encontra só, e na sua proximidade não há ninguém ou são pouquíssimos que não estejam preparados para obedecê-lo.

    Além disso, sem injúria aos outros, não se pode honestamente satisfazer a elite, mas se pode fazer bem ao povo, eis que o objetivo deste é mais honesto daquele dos poderosos, querendo estes oprimir enquanto aquele apenas quer evitar ser oprimido. Contra a inimizade do povo um príncipe jamais pode estar garantido, por serem muitos; da elite, porém, pode se assegurar, porque são poucos. O pior que pode um príncipe esperar do povo hostil é ser por ele abandonado; mas dos poderosos inimigos não só deve temer o abandono como também deve recear que eles se lhe voltem contra, pois que, havendo neles mais visão e maior astúcia, contam sempre com tempo para se salvarem, e assim procuram adquirir prestígio perante aquele que acreditam que venha a vencer. Além disso, o príncipe tem de viver necessariamente sempre com o mesmo povo, ao passo que pode bem viver sem aqueles mesmos poderosos, uma vez que pode fazer e desfazer a cada dia esse seu poderio, dando-lhes ou tirando-lhes reputação, ao seu bel-prazer.

E para melhor esclarecer esta parte, digo que os grandes da elite devem ser considerados em dois grupos principais: ou procedem de forma a se obrigarem totalmente à sua fortuna, ou não. Os que se obrigam e não são ladrões devem ser considerados e amados. Os que não se obrigam devem ser encarados de dois modos: se fazem isso por indecisão ou por natural defeito de espírito, deverá se servir deles, visto que são bons conselheiros, porque na prosperidade isso lhe honrará e na adversidade não precisará temê-los. Mas quando eles, ardilosamente, não se obrigam por ambição é sinal de que pensam mais em si próprios e na própria fortuna do que em ti: desses deve o príncipe se guardar temendo-os como se fossem inimigos declarados, porque sempre, na adversidade, ajudarão a arruiná-lo.

Assim, alguém que se torna príncipe mediante o favor do povo deve conservá-lo amigo, o que vem a ser mesmo fácil, uma vez que não pede ele senão não ser oprimido. Todavia, quem se torne príncipe pelo favor da elite, contra o povo, deve antes de mais nada procurar ganhar este para si, o que se lhe torna fácil quando assume dele a proteção. E porque os homens, quando recebem o bem de quem esperavam somente o mal, se afeiçoam mais ao seu benfeitor, assim o povo se torna desde logo mais seu amigo do que se tivesse sido por ele elevado ao principado. O príncipe pode ganhar o povo por muitas maneiras que, por variarem de acordo com as circunstâncias, delas não se pode estabelecer regra certa, razão pela qual as omitirei. Concluirei apenas que a um príncipe é necessário ter o povo como amigo, pois, de outro modo, não terá possibilidades na adversidade.

Nabis, príncipe dos espartanos, suportou o assédio de toda a Grécia e de um exército romano coberto de vitórias, contra eles defendendo a sua pátria e o seu Estado; bastou-lhe apenas, sobrevindo o perigo, garantir-se contra poucos, o que não seria suficiente se tivesse o povo como inimigo. E não surja alguém para refutar esta minha opinião com aquele provérbio bastante conhecido de que quem se apoia no povo se firma na lama, porque o mesmo é verdadeiro somente quando um cidadão comum estabelece bases sobre o povo e imagina que ele vá libertá-lo quando oprimido pelos inimigos ou pelos magistrados; neste caso seria possível sentir-se frequentemente enganado, como os Gracos em Roma e Messer Giórgio Scali em Florença. Mas sendo um príncipe que se apoie no povo, que possa mandar e seja um homem de coragem, que não fraqueje nas adversidades, não careça de armas e mantenha com o seu valor e as suas determinações todo o povo alentado, jamais se sentirá por ele enganado e constatará ter estabelecido bons fundamentos.

No entanto, tais principados se encontram em certo perigo quando estão para passar da ordem civil para um governo absoluto, porque esses príncipes ou governam por si mesmos ou por intermédio dos magistrados. Neste último caso, a situação deles é mais fraca e perigosa, porque dependem completamente da vontade dos cidadãos prepostos à magistratura, os quais, sobretudo nos tempos adversos, podem lhes tomar o Estado com grande facilidade, contrariando as suas ordens ou não lhes prestando obediência. E o príncipe não pode, nas ocasiões de perigo, assumir em tempo a autoridade absoluta, porque os cidadãos e os súditos, acostumados a receber as ordens dos magistrados não estão naquelas conjunturas inclinados a obedecer às suas determinações, havendo sempre, nos tempos duvidosos, uma carência de pessoas nas quais ele possa confiar. Tal príncipe não pode fundar-se naquilo que observa nas épocas de paz, quando os cidadãos precisam do Estado, porque então todos concordam com ele, todos prometem e cada um quer morrer por ele enquanto a morte está longe; mas na adversidade, no momento em que o Estado tem necessidade dos cidadãos, então poucos são encontrados. E tanto mais é perigosa esta experiência quanto não se pode dar cabo dela senão uma única vez. Contudo, um príncipe hábil deve pensar na maneira pela qual poderá fazer com que os seus cidadãos sempre tenham necessidade do Estado e do seu governo, em qualquer circunstância, e assim o seu povo sempre lhe será fiel.

CAPÍTULO X
COMO SE DEVEM MEDIR AS FORÇAS DE TODOS OS PRINCIPADOS

Ao examinar as qualidades desses Estados, é conveniente fazer outra consideração: se um príncipe possui um Estado tão grande e forte que possa, quando preciso, manter-se por si mesmo, ou acaso tem sempre a necessidade de subterfúgios na sua defesa. Para esclarecer melhor esta parte, afirmo julgar como podendo se manterem por si mesmos aqueles que podem, por abundância de homens e de dinheiro, organizar um exército à altura do perigo a enfrentar e fazer face a uma batalha contra quem venha assaltá-lo, assim como julgo necessitados de subterfúgios na sua defesa os que não podem defrontar o inimigo em campo aberto, mas são obrigados a se refugiar atrás dos muros da cidade, guarnecendo-os. Quanto ao primeiro caso, já foi falado, e futuramente diremos o que mais for necessário; relativamente ao segundo, não se pode aludir algo mais do que exortar tais príncipes a fortificarem e a proverem a sua cidade, não se preocupando com o território que a contorna. E quem tiver bem fortificada a sua cidade e, acerca dos outros assuntos, se tenha conduzido para com os súditos como acima foi dito e abaixo se esclarecerá, será sempre assaltado com grande temor, porque os homens são sempre inimigos dos empreendimentos onde veem dificuldades, e não se pode encontrar facilidade para atacar quem tenha a sua cidade forte e não seja odiado pelo povo.

As cidades da Alemanha gozam de grande liberdade, têm pouco território e obedecem ao imperador quando assim querem, não o temendo nem a outro poderoso que lhes esteja no entorno, porque são de tal forma fortificadas que todos pensam dever ser enfadonha e complexa a sua expugnação. Na verdade, todas têm fossos e muros adequados, possuem artilharia suficiente, conservam sempre nos armazéns públicos o necessário para beber, comer e arder por um ano. Além disso, para manter a plebe alimentada sem prejuízo do povo, têm sempre, em comum e por até um ano, meios para lhe dar trabalho naquelas atividades que sejam o nervo e a vida daquelas cidades e das indústrias das quais a plebe se alimente. Têm em grande conceito os exercícios militares, a respeito dos quais possuem muitas leis de regulamentação.

Dessa forma, um príncipe que governe uma cidade forte e não se faça odiar não pode ser atacado, e, existindo alguém que o assaltasse, iria se evadir com vergonha, eis que as coisas do mundo são assim tão complexas que é quase impossível que alguém pudesse ficar com os exércitos ociosos por um ano, a assediá-lo. A quem replicasse que, tendo as suas propriedades fora da cidade e vendo-as pegar fogo, o povo não terá paciência e o longo assédio e a piedade de si mesmo o farão esquecer o príncipe, eu responderia que um príncipe poderoso e enérgico superará sempre aquelas dificuldades, ora dando aos súditos esperança de que o mal não será longo, ora incutindo temor da crueldade do inimigo, ora se assegurando com habilidade daqueles que lhe pareçam muito amedrontados. Além disso, é razoável que o inimigo deva queimar o país apenas enquanto recém-chegado, quando o ânimo dos homens está ainda ardente e voluntarioso na defesa; por isso, o príncipe deve ter pouca dúvida porque, depois de alguns dias, quando os ânimos estão mais frios, os danos já foram causados, os males já foram sofridos e não há mais remédio; então, os súditos vêm se unir ainda mais ao príncipe, parecendo que ele lhes deva um ressarcimento futuro, uma vez que as suas casas foram incendiadas, e as suas propriedades, arruinadas para a defesa dele. E a natureza dos homens é aquela de obrigar-se tanto pelos benefícios que são feitos como por aqueles que ainda serão concedidos no futuro. Donde, em se considerando tudo bem, não será difícil a um príncipe prudente conservar firmes, antes e depois do cerco, os ânimos dos seus cidadãos, desde que não faltem alimentos nem meios de defesa.

CAPÍTULO XI
DOS PRINCIPADOS ECLESIÁSTICOS

Agora só nos resta falar dos principados eclesiásticos, onde todas as dificuldades já existem ainda antes que sejam conquistados, visto que são adquiridos ou pela virtude ou pela fortuna, e sem uma e outra se conservam, porque são sustentados pelas ordens de há muito estabelecidas na religião, que tornam-se tão fortes e de tal natureza que mantêm os seus príncipes sempre no poder, seja qual for o modo por que procedam e vivam. Só estes possuem Estados e não os defendem; súditos, e não os governam; os Estados, por serem indefesos, não lhes são tomados; os súditos, por não serem governados, não se preocupam, não pensam e nem podem se separar deles. Assim sendo, somente estes principados são seguros e felizes. Mas, sendo eles dirigidos por razão superior, a qual a mente humana não atinge, deixarei de falar a seu respeito, mesmo porque, sendo engrandecidos e mantidos por Deus, seria obra de homem presunçoso e temerário dissertar a seu respeito.

Contudo, se alguém me perguntar donde provém que a Igreja, no poder temporal, tenha chegado a tanta grandeza, pois que antes de Alexandre os potentados italianos, e não apenas aqueles que eram ditos "potentados", mas qualquer barão e senhor, mesmo que sem importância, pouco valor davam ao poder temporal da Igreja, e agora um rei da França treme, visto que ela pode expulsá-lo da Itália e ainda lograr arruinar os venezianos, apontarei fatos que, a despeito de conhecidos, não me parece supérfluo reavivar em parte na memória.

Antes que Carlos, rei da França, invadisse a Itália, esta província se encontrava sob o domínio do papa, dos venezianos, do rei de Nápoles, do duque de Milão e dos florentinos. Estes potentados tinham de se haver com dois cuidados principais: um, que nenhum estrangeiro entrasse na Itália com tropas; o outro, que nenhum deles ocupasse mais terras do Estado. Aqueles dos quais se tinha mais receio eram o papa e os venezianos. Para conter os venezianos tornou-se necessária a união de todos os demais, como ocorreu na defesa de Ferrara; para deter o papa, serviam-se dos barões de Roma. Eis que, estando divididos em duas facções, Orsini e Colonna, sempre existia motivo de discórdia entre eles e, estando de espada em punho sob os olhos do pontífice, mantinham o pontificado fraco e inseguro. Ainda que surgisse, vez por outra, um papa um pouco mais audacioso, como foi Xisto, nem a fortuna nem o saber puderam livrá-lo desses inconvenientes. A brevidade da vida dos pontífices era a causa dessa situação, porque, nos dez anos em média que vivia um papa, somente com muita dificuldade podia ele enfraquecer uma das facções; se, por exemplo, um deles estivesse quase extinguindo os Colonna, surgia um outro, inimigo dos Orsini, que apoiaria os seus oponentes sem que tivesse tempo de liquidar os Orsini. Isto tornava o poder temporal do papa pouco considerado na Itália.

Surgiu depois Alexandre VI, que, de todos os pontífices que já existiram, foi o que mostrou o quanto um papa podia, com o dinheiro e as tropas, fazer para adquirir maior poder; e fez, com o uso do duque Valentino como instrumento e com a oportunidade da invasão dos franceses, todas aquelas coisas que já relatei no que se refere às ações do duque. Ainda que o seu intento não fosse o de tornar grande a Igreja, mas sim o duque, não obstante, tudo o que fez acabou se revertendo em favor da grandeza da Igreja, a qual, após a sua morte e extinto o duque, se tornou herdeira da sua obra.

Veio depois o papa Júlio e encontrou a Igreja grande, possuindo toda a Romanha, com os barões de Roma já reduzidos à impotência e, pelas perseguições de Alexandre, anuladas todas aquelas facções; encontrou ainda o caminho aberto para acumular dinheiro, o que jamais havia sido feito antes de Alexandre. Júlio não só seguiu tais práticas como as ampliou; pensou em conquistar Bolonha, extinguir os venezianos e expulsar os franceses da Itália: todos esses empreendimentos lhe saíram bem, e com tanto maior louvor, já que realizou tudo isso para engrandecer a Igreja, e não para favorecer algum cidadão particular. Ainda conservou os partidos dos Orsini e dos Colonna nas mesmas condições em que os encontrara e, se bem entre eles houvesse algum chefe capaz de fazer mudar a situação, duas coisas os mantiveram quietos: uma, a grandeza da Igreja, que os atemorizava; a outra, não terem eles cardeais, os quais são os causadores dos tumultos entre as facções. Nem em tempo algum ficarão quietas essas partes, desde que possuam cardeais, pois estes sustentam os partidos dentro e fora de Roma e os barões são forçados a defendê-los; assim, da ambição dos prelados [autoridade eclesiástica encarregada da administração de setores da Igreja] nascem as discórdias e os tumultos entre os barões. Sua Santidade o papa Leão X encontrou o pontificado potentíssimo e, espera-se, se aqueles que referimos o fizeram grande pelas armas, este o fará ainda maior e mais venerado pela bondade e suas outras infinitas virtudes.

CAPÍTULO XII
DE QUANTAS ESPÉCIES SÃO AS MILÍCIAS, E DOS SOLDADOS MERCENÁRIOS

Uma vez falado detalhadamente de todas as espécies de principados, dos quais já no início me propus comentar, e considerados nalguns pontos as causas de seu bem e seu mal, conforme foram demonstrados os modos pelos quais muitos procuraram adquiri-los e conservá-los, agora me resta falar de forma genérica dos meios ofensivos e defensivos que em cada um dos citados principados os embates possam ocorrer. Dissemos acima como é necessário a um príncipe ter bons fundamentos; do contrário, necessariamente, ele cairá em ruína. Os principais fundamentos que os Estados têm, tanto os novos como os velhos ou os mistos, são as boas leis e as boas armas. E como não pode haver boas leis onde não existam boas armas, e onde existam boas armas convém que haja boas leis, deixarei de falar das leis e me reportarei apenas às armas.

Assim, afirmo que as armas com as quais um príncipe defende o seu Estado ou são suas próprias ou são mercenárias, ou auxiliares ou mistas. As mercenárias e as auxiliares são inúteis e perigosas e, se alguém tem o seu Estado apoiado nas tropas mercenárias jamais estará firme e seguro, porque elas são desunidas, ambiciosas, indisciplinadas, infiéis; galhardeiras entre os amigos, vis entre os inimigos; não têm temor a Deus e não têm fé nos homens, e tanto se adia a ruína quanto se transfere o assalto: na paz se é espoliado por elas, e na guerra, pelos inimigos. A razão disto é que elas não têm outro amor nem outra razão que as mantenha em campo a não ser um pouco de salário, o qual não é suficiente para fazer com que queiram morrer por ti. Querem muito ser teus soldados enquanto não estás em guerra, mas quando vem a batalha, querem fugir ou ir embora.

Para persuadir de tais coisas não me é necessário muito esforço, eis que a atual ruína da Itália não foi causada por outro fator senão o de ter, por espaço de muitos anos, repousado sobre as armas mercenárias. Elas já fizeram algo em favor de alguns e pareciam hábeis nas lutas entre si; mas quando surgiu o estrangeiro, mostraram-lhe o que eram. Por isso foi possível a Carlos, rei da França, tomar a Itália com o giz; e quem disse que a causa disso foram os nossos pecados dizia a verdade, se bem que esses pecados não fossem aqueles que ele julgava, mas sim esses que eu narrei, e como eram pecados de príncipes, estes sofreram o castigo.

Quero demonstrar melhor a infeliz qualidade destas tropas. Os capitães mercenários ou são homens excelentes, ou não: se o forem, não podes confiar, porque sempre aspirarão à própria grandeza, abatendo a ti, que é o seu patrão, ou oprimindo os demais contra a sua vontade; mas se não forem grandes chefes, certamente te conduzirão à ruína. E se for arguido que qualquer um que detenha as forças nas mãos fará isso, mercenário ou não, responderei dizendo como as armas devem ser usadas por um príncipe ou por uma república. O príncipe deve ir pessoalmente junto com as suas tropas e exercer as atribuições do capitão: a república deve mandar os seus cidadãos, e quando enviar um que não se revele valente, deve substituí-lo, e quando muito ousado deve detê-lo com as leis para que não avance além do limite. Por experiência se veem príncipes sós e repúblicas armadas fazerem grandes progressos, enquanto se veem tropas mercenárias não causarem mais do que danos. Ainda, uma república armada de tropas próprias se submete ao domínio de um seu cidadão com muito maior dificuldade do que aquela que esteja protegida por tropas mercenárias ou auxiliares.

Roma e Esparta foram durante muitos séculos armadas e livres. Os suíços são, da mesma forma, muito armados e livres. Das armas mercenárias antigas podemos citar como exemplo os cartagineses, os quais quase foram oprimidos pelos seus soldados mercenários ao fim da primeira guerra com os romanos, a despeito de terem por chefes os próprios cidadãos de Cartago. Felipe da Macedônia foi feito capitão da sua gente pelos tebanos, depois da morte de Epaminondas, e após a vitória lhes tolheu a liberdade. Os milaneses, morto o duque Felipe, assalariaram Francisco Sforza para combater os venezianos, e ele, vencidos os inimigos em Caravaggio, a estes se uniu para oprimir os milaneses, seus patrões. Sforza, seu pai, estando a serviço da rainha Joana de Nápoles, deixou-a repentinamente desarmada; por isso ela, para não perder o reino, foi obrigada a lançar-se aos braços do rei de Aragão.

E se venezianos e florentinos, ao contrário, tiveram aumentado o seu domínio com essas tropas, e os seus capitães se fizeram príncipes mas os defenderam, esclareço que os florentinos, neste caso, foram favorecidos pela sorte, porque dos capitães de valor, os quais podiam temer, alguns não venceram ou tiveram de lutar contra antagonistas, outros voltaram a sua ambição para outras paragens. Quem não venceu foi Giovanni Aucuto [John Hawkwood], por isso mesmo não se podendo conhecer realmente a sua fidelidade, mas todos concordarão que, tivesse ele vencido, os florentinos estariam à sua mercê. Sforza sempre teve os Braccio contra si, vigiando-se uns aos outros. Francisco voltou a sua ambição para a Lombardia; Braccio contra a Igreja e o reino de Nápoles. Mas vejamos o que ocorreu há pouco tempo: os florentinos fizeram Paulo Vitelli seu capitão, homem de muita prudência e que, mesmo vindo de vida comum, havia alcançado enorme reputação. Se ele conquistasse Pisa, não haveria quem negasse convir aos florentinos estar sob suas ordens, mesmo porque, se ele tivesse ficado como soldado dos seus inimigos, não teriam remédio para as suas estratégias, e tendo-o ao seu lado, deveriam obedecê-lo.

Os venezianos, se considerarmos os seus progressos, se conduziram segura e gloriosamente enquanto fizeram a guerra sozinhos (o que foi antes de voltarem as suas vistas para a terra); sendo que, com o apoio dos gentis-homens e com a plebe armada, combateram muito habilmente; mas, como eles começaram a travar batalhas em terra, abandonaram essa prudência e seguiram os costumes de guerra da Itália. No princípio da sua expansão terrestre, por ainda não possuírem muitas terras do Estado e por usufruírem alta reputação, não precisavam temer muito os seus capitães; mas quando ampliaram as suas conquistas, o que ocorreu sob Carmagnola [Francisco Bussone], tiveram a prova desse erro. Portanto, tendo visto o seu valor quando sob o seu comando bateram o duque de Milão e sentindo, de outra parte, quanto ele esfriara na condução da guerra, julgaram não mais ser possível com ele vencer, dada a sua má vontade; e não podendo licenciá-lo para não perder aquilo que tinham adquirido, para se garantirem viram-se na necessidade de matá-lo. Tiveram depois como seus capitães Bartolomeu e Bergamo, Roberto de São Severino, conde de Pitigliano, e outros parecidos, com os quais tiveram de temer as derrotas, e não as suas conquistas, como ocorreu depois em Vailá, onde num único dia perderam tudo aquilo que em oitocentos anos, com imenso esforço, tinham conquistado. Na verdade, destas tropas resultam apenas lentas, tardias e fracas conquistas, mas rápidas e catastróficas perdas. E, como apresentei estes exemplos da Itália, que tem sido por muitos anos dominada por armas mercenárias, quero analisar essas tropas de forma mais genérica, a fim de que, uma vez vendo delas a origem e o desenvolvimento, se possa melhor corrigir o erro do seu emprego.

Deve-se entender como, assim que nestes últimos anos o império começou a ser repelido da Itália e o papa passou a ter reputação no poder temporal, a Itália dividiu-se em vários Estados. Na verdade, muitas das maiores cidades tomaram das armas contra os seus nobres, os quais, antes favorecidos pelo imperador, as mantinham oprimidas, e a Igreja, para obter reputação no seu poder temporal, as favorecia em tal; e em muitas outras cidades os seus próprios cidadãos se tornaram príncipes.

Daí resultar que, uma vez que a Itália quase inteira caíra nas mãos da Igreja e de algumas repúblicas, não estando aqueles padres e aqueles outros cidadãos habituados ao uso das armas, começaram a aliciar mercenários estrangeiros. O primeiro que deu fama a essa milícia foi Alberico da Cunio [Alberico da Barbiano], natural da Romanha, sendo que da sua escola de armas vieram, dentre outros, Braccio e Sforza, nos seus dias os árbitros da Itália. Depois destes vieram todos os outros que até os nossos tempos têm chefiado essas tropas, e o fim do valor delas foi que a Itália viu-se percorrida por Carlos, saqueada por Luís, violentada por Fernando e desonrada pelos suíços.

A ordem que eles observaram inicialmente foi, para dar reputação a si próprios, tirar o conceito da infantaria. Fizeram isso porque, sendo eles sem Estado e vivendo da indústria das armas, poucos infantes [trata-se de um título da nobreza, logo abaixo do príncipe] não lhes dariam fama e, sendo muitos, não poderiam alimentá-los; assim, limitaram-se à cavalaria onde, com número suportável, as tropas podiam ser nutridas, e eles, honrados. Finalmente, a situação tornou-se tal que, em um exército de vinte mil soldados, não se encontravam dois mil infantes. Tinham, além disso, usado todos os meios para afastar de si e dos seus soldados o cansaço e o medo, não se matando nos combates, fazendo-se prisioneiros uns aos outros e depois se libertando sem resgate. Não atacavam as cidades muradas e os das cidades não assaltavam os acampamentos; não faziam nem estacadas nem fossos, não saíam a campo no inverno. Todas estas coisas eram permitidas nas suas regras militares, por eles encontradas para fugir, como foi dito, aos grandes esforços e perigos; foi por isso que arrastaram a Itália à escravidão e à desonra.

CAPÍTULO XIII
DOS SOLDADOS AUXILIARES, MISTOS E PRÓPRIOS

As tropas auxiliares, que são também forças inúteis, são aquelas que se apresentam quando um poderoso é convocado para que, com os seus exércitos, venha a lhe auxiliar e defender, como fez em tempos recentes o papa Júlio, que, tendo visto na campanha de Ferrara a triste figura das suas tropas mercenárias, voltou-se para as auxiliares e entrou em acordo com Fernando, rei da Espanha, no sentido de que este, com a sua gente e as suas armas, viesse ajudá-lo. Estas tropas auxiliares podem ser úteis e boas para si mesmas, mas para quem as convoca são quase sempre danosas: se as perde fica liquidado, se as vence se torna seu prisioneiro.

E, ainda que destes exemplos estejam cheias as antigas histórias, não quero abandonar esta recente lição de Júlio II, cuja deliberação de entregar-se inteiramente às mãos de um estrangeiro, por querer Ferrara, não podia ter sido mais insensata. Mas a boa fortuna fez surgir uma terceira circunstância, a fim de que ele não viesse a colher o resultado da sua má decisão; sendo os seus auxiliares derrotados em Ravenna e surgindo os suíços, que, contra a expectativa de Júlio e de outros, expulsaram os vencedores, o papa não se tornou prisioneiro nem dos vencedores, que fugiram, nem das suas tropas auxiliares, por ter vencido com outras armas que não as delas. Os florentinos, estando completamente desarmados, levaram dez mil franceses a Pisa para atacá-la, resolução essa em razão da qual passaram por maior perigo do que em qualquer tempo dos seus próprios trabalhos. O imperador de Constantinopla, para opor-se aos seus vizinhos, concentrou na Grécia dez mil turcos que, terminada a guerra, não quiseram abandonar o país, o que constitui o início da sujeição da Grécia aos infiéis.

Assim, aquele que deseja não poder vencer que se valha destas tropas muito mais perigosas do que as mercenárias, pois com estas a ruína é certa, dado que são todas unidas, todas voltadas à obediência a outrem. As mercenárias, para o prejudicarem após a vitória, contrariamente ao que ocorre com as mistas, precisam de mais tempo e maior oportunidade, não só por não constituírem um todo como também por terem sido organizadas e pagas por ele; ainda, um terceiro que nelas ele eleve a chefe não pode desde logo assumir tanta autoridade que lhe cause dano. Enfim, enquanto nas tropas mercenárias o mais perigoso é a covardia, nas auxiliares é o valor.

Um príncipe prudente, portanto, sempre tem fugido a essas tropas para se voltar às suas próprias forças, preferindo perder com as suas a vencer com aquelas; eis que, em realidade, não representaria vitória aquela que fosse conquistada com as armas alheias. Jamais vacilarei em citar como exemplo César Bórgia e as suas ações. Este duque entrou na Romanha com tropas auxiliares, para aí conduzindo as forças francesas, com elas tomando Ímola e Forli. Mas depois, não mais lhe parecendo seguras tais armas, voltou-se para as mercenárias, julgando nelas encontrar menor perigo; e tomou a seu serviço os Orsini e os Vitelli. Posteriormente, manejando essas forças e achando-as dúbias, infiéis e perigosas, extinguiu-as e voltou-se para as suas próprias tropas. Pode-se ver facilmente a diferença que existe entre umas e outras dessas armas, considerando a modificação da reputação do duque entre quando tinha apenas os franceses e depois os Orsini e Vitelli, e quando ele ficou com soldados seus e sob seu próprio comando: sempre a veremos engrandecida; e ele nunca foi tão amado quanto passou a ser quando todos viram que era o senhor absoluto das suas tropas.

Eu não queria abandonar os exemplos italianos e mais recentes; contudo, não desejo esquecer Hierão de Siracusa, um dos acima indicados por mim. Este, como já disse, tornado pelos siracusanos chefe dos exércitos, logo reconheceu não ser útil a tropa mercenária, por serem os seus chefes idênticos aos nossos italianos; parecendo-lhe não poder conservá-los nem dispensá-los, Hierão fez cortar todos eles em pedaços, passando depois a fazer guerra com tropas suas, e não com as de outrem.

Quero ainda trazer à lembrança uma alegoria do Velho Testamento feita a este propósito. Oferecendo-se Davi a Saul para lutar com Golias, provocador filisteu, Saul, para encorajá-lo, revestiu-o com as suas próprias armaduras, as quais, uma vez envergadas por Davi, foram por ele recusadas: com elas não poderia bem se valer de si mesmo, preferindo enfrentar o inimigo apenas com a sua funda e a sua faca. Enfim, as armas de outrem ou te caem de cima, ou te pesam, ou te constrangem.

Carlos VII, pai de Luís XI, após libertar com a sua fortuna e a sua virtude a França dos ingleses, conheceu essa necessidade de armar-se com forças próprias, e organizou no seu reino, por forma regular, as armas de cavalaria e de infantaria. Mais tarde, o rei Luís, seu filho, extinguiu a infantaria e começou a aliciar os suíços, erro esse que, seguido de outros, como realmente agora se vê, se tornou a razão dos perigos daquele reino. Na verdade, dando reputação aos suíços, Luís aviltou todas as suas tropas, já que extinguiu as forças de infantaria e subordinou a sua cavalaria às milícias de outrem, e a esta, acostumada a militar com os suíços, pareceu não ser possível vencer sem eles. Daí decorre que não bastam os franceses contra os suíços, e sem os suíços, não tentam a luta contra os outros. Dessa forma, os exércitos da França têm sido mistos, parte de mercenários e parte de tropas próprias, forças essas que juntas são muito melhores que as simples auxiliares ou as meramente mercenárias, e muito inferiores ao exército próprio. Basta o exemplo citado, pois o reino da França seria invencível se a organização militar de Carlos tivesse sido desenvolvida ou conservada. Mas a pouca prudência dos homens muitas vezes começa uma coisa que lhe parece boa, sem se aperceber do veneno que ela encobre, como já disse acima a respeito das febres éticas.

Portanto, aquele que num principado não conhece os males logo de início não é verdadeiramente sábio, o que é dado a poucos. E se considerarmos o início da ruína do Império Romano, veremos ter ele resultado do simples começo do aliciamento dos godos, porque foi daí que começaram a declinar as forças do Império Romano, e todo aquele valor que se lhe tirava era atribuído a eles. Assim concluo que, sem ter armas próprias, nenhum principado está seguro; ao contrário, fica ele totalmente sujeito à sorte, não havendo virtude que o defenda na adversidade. Foi sempre opinião e sentença dos homens sábios, *quod nihil sit tam infirmum aut instabile, quam fama potentiae non sua vi nixa* [não há nada tão frágil e instável quanto um poder que possui fama, mas que não é garantido por um exército próprio]. As forças próprias são aquelas que se constituem de súditos, de cidadãos ou de criaturas suas; todas as outras são mercenárias ou auxiliares. O modo de organizar as tropas próprias será fácil de encontrar, caso se analise a organização dos quatro por mim mencionados, e se considere como Felipe, pai de Alexandre Magno, e muitas repúblicas e principados se armaram e organizaram; a essas organizações eu me reporto inteiramente.

CAPÍTULO XIV
O QUE COMPETE A UM PRÍNCIPE ACERCA DA MILÍCIA

Assim sendo, um príncipe não deve ter outro objetivo ou pensamento, nem se concentrar noutra coisa que não a guerra, a sua organização e disciplina, pois que é essa a única arte que compete a quem comanda. E ela é dotada de tanta virtude que não só mantém aqueles que nasceram príncipes como também, muitas vezes, faz os homens de condição comum se elevarem àquele posto; e, pelo contrário, vê-se que quando os príncipes pensam mais nas delicadezas do que nas armas perdem o seu Estado. A primeira causa que faz perder o governo é negligenciar tal arte, ao passo que a razão que permite conquistá-lo é ser bem instruído dela.

Francisco Sforza, por estar armado, de cidadão comum que era tornou-se duque de Milão; os filhos, para fugir ao esforço das armas, de duques passaram a simples cidadãos. Em verdade, entre outros males que acarreta o fato de o príncipe estar desarmado, ele o torna vil, o que constitui uma daquelas infâmias de que o príncipe se deve guardar, como abaixo será exposto. Realmente, entre um príncipe armado e um desarmado não existe proporção alguma, e não é razoável que quem esteja armado obedeça com gosto ao que seja desprovido de armas, nem que o desarmado se sinta seguro entre servidores armados; eis que, existindo desdém da parte de um e suspeita do lado do outro, não é possível que ajam bem enquanto juntos. Ainda, um príncipe que não entende de tropas, além dos outros prejuízos referidos, sofre aquele de não poder ser estimado pelos seus soldados, e também não pode neles confiar.

Dessa forma, o príncipe não deve desviar um momento sequer o seu pensamento do exercício da guerra, o que pode fazer por dois modos: um, com a ação; o outro, com a mente. Quanto à ação, além de manter bem organizadas e exercitadas as suas tropas, deve estar sempre em caçadas para acostumar o corpo aos esforços físicos, e em parte para conhecer a natureza dos lugares e saber como surgem os montes, como embocam os vales, como se estendem as planícies, e aprender a natureza dos rios e dos pântanos, concentrando muito da sua atenção em tudo isso. Esses conhecimentos são úteis por duas razões: primeiro, aprende-se a conhecer o próprio país e se podem identificar com mais facilidade as defesas que ele oferece; depois, em decorrência do conhecimento e prática daquelas paragens, com facilidade poderá entender qualquer outra região que venha a ter de observar, eis que as colinas, os vales, as planícies, os rios e os pântanos que existem, por exemplo, na Toscana, têm certa semelhança com os das outras províncias, de forma que do conhecimento do terreno de uma província se pode passar facilmente ao das outras. O príncipe que tenha deficiência dessa perícia está desprovido do elemento principal de que necessita um capitão, pois ela ensina a encontrar o inimigo, estabelecer os acampamentos, conduzir os exércitos, ordenar as jornadas, fazer incursões pelas terras com vantagem sobre o inimigo.

Filopêmenes, príncipe dos aqueus, dentre os louvores que lhe foram endereçados pelos escritores mereceu também aquele de que, nos tempos de paz, em outra coisa não pensava senão na própria guerra e, quando excursionando pelos campos com os amigos, frequentemente parava e com eles argumentava: "Se os inimigos estivessem sobre aquela colina e nós nos encontrássemos aqui com o nosso exército, qual de nós teria vantagem? Como poder-se-ia atacá-los, mantendo a formação da tropa? Se quiséssemos nos retirar, como deveríamos proceder? Se eles se retirassem, como faríamos para persegui-los?". E assim ele lhes propunha, andando, todos os casos que podem ocorrer numa batalha; ouvia a opinião dos soldados, dava a sua corroborando-a com argumentos, de maneira tal que, em razão dessas contínuas cogitações, jamais poderia, comandando os exércitos, encontrar pela frente algum imprevisto para o qual não tivesse solução.

Mas, quanto ao exercício da mente, deve o príncipe ler as histórias e nelas observar as ações dos grandes homens, ver como se conduziram nas guerras, examinar as causas das suas vitórias e das suas derrotas, para poder fugir às responsáveis por estas e imitar as causadoras daquelas; deve fazer, sobretudo, como em tempos antigos fizeram alguns grandes homens que imitaram todo aquele que antes deles foi louvado e glorificado, e sempre tiveram em si os gestos e as ações dele, como se diz que Alexandre Magno imitava Aquiles, César imitava Alexandre, Cipião imitava Ciro. Quem lê a vida de Ciro escrita por Xenofonte depois percebe, na vida de Cipião, o quanto lhe valeu para a glória aquela imitação, bem como o quanto na castidade, afabilidade, humanidade e liberalidade. Cipião se assemelhava àquilo que Xenofonte escreveu de Ciro. Um príncipe inteligente deve observar essa semelhança de proceder, nunca ficando ocioso nos tempos de paz, mas sim, com habilidade, procurar formar cabedal para poder utilizá-lo na adversidade a fim de que, quando mudar a sua sorte, se encontre preparado para resistir.

CAPÍTULO XV
DAQUELAS COISAS PELAS QUAIS OS HOMENS, E ESPECIALMENTE OS PRÍNCIPES, SÃO LOUVADOS OU DESPREZADOS

Agora resta ver quais devem ser os modos e o proceder de um príncipe para com os súditos e os amigos. E porque sei que muitos já escreveram a respeito, duvido não ser considerado presunçoso escrevendo ainda sobre o mesmo tema, pois que irei disputar essa matéria à orientação já dada pelos demais aos príncipes. Mas, sendo minha intenção escrever algo de útil para quem venha a se interessar, me pareceu mais conveniente ir em busca da verdade extraída dos fatos, e não à imaginação deles, pois muitos conceberam repúblicas e principados jamais vistos ou conhecidos como tendo realmente existido. Em verdade, há tanta diferença entre como se vive e como se deveria viver que aquele que abandone o que se faz por aquilo que se deveria fazer aprenderá antes o caminho da sua ruína do que o da sua preservação; eis que um homem que queira em todas as suas palavras fazer profissão de bondade terminará por se perder em meio a tantos que não são bons. Assim é necessário, a um príncipe que queira se manter aprender a usar ou não da bondade segundo a necessidade.

Desse modo, ignorando os assuntos relativos a um príncipe imaginário e falando daqueles que são verdadeiros, digo que todos os homens, sobretudo os príncipes situados em posição mais preeminente, quando analisados de perto, se fazem notar por alguns daqueles atributos que lhes acarretam ou reprovação ou louvor. Assim é que alguns são tidos como liberais, alguns miseráveis (usando um termo toscano, porque "avaro" na nossa língua é ainda aquele que deseja possuir por ambição, enquanto "miserável" chamamos aquele que se abstém em excesso de usar o que possui); alguns são considerados pródigos, alguns, ladrões; alguns, cruéis, alguns, piedosos; um, desleal, o outro, fiel; um efeminado e covarde, o outro, feroz e audacioso; um, humano, o outro, soberbo; um, lascivo, o outro, casto; um, simples, o outro, astuto; um, duro, o outro, fácil; um, grave, o outro, leviano; um, religioso, o outro, incrédulo; e assim por diante.

Sei que cada um confessará que seria muito louvável encontrarem-se em um príncipe, de todos os atributos acima referidos, apenas aqueles que são considerados bons; mas, desde que não os podem possuir nem inteiramente observá-los em razão de as contingências humanas não o permitirem, é necessário que o príncipe seja tão prudente que saiba fugir à infâmia daqueles vícios que o fariam perder o poder, cuidando evitar até mesmo aqueles que não chegariam a pôr em risco o seu posto; mas não podendo evitar, é possível tolerá-los, se bem que com quebra do respeito devido. Ainda, não evite o príncipe de incorrer naqueles vícios que terminam por tornar mais fácil a salvação do Estado; pois que, se tudo for bem considerado, sempre encontraremos alguma coisa que, mesmo parecendo virtude, quando praticada acarreta a ruína, e outra que, mesmo com a aparência de um vício, quando bem conduzida dá origem à segurança e ao bem-estar do Estado.

CAPÍTULO XVI
DA LIBERALIDADE E DA PARCIMÔNIA

Assim, começando pelos primeiros dos já referidos atributos, afirmo que seria um bem ser considerado liberal. Contudo, a liberalidade usada por forma que se torne conhecida de todos te prejudica, mas se usada virtuosamente e como se a deve usar, não se torna conhecida, e não conseguirás tirar de cima de ti a má fama do seu oposto. Porém, querendo manter entre os homens a fama de liberal, é preciso não esquecer nenhuma espécie de suntuosidade, de forma tal que um príncipe assim procedendo consumirá em ostentação todas as suas finanças e terá necessidade de, ao final, se quiser manter o conceito de liberal, carregar extraordinariamente o povo de impostos, ser duro no fisco e fazer tudo aquilo de que possa se utilizar para obter dinheiro. Isso começará a torná-lo odioso perante o povo e, uma vez o tendo empobrecido, o tornará um governante pouco estimado de todos; de forma que, tendo ofendido a muitos e premiado a poucos com essa sua liberalidade, sente mais intensamente qualquer revés inicial e se acovarda diante do primeiro perigo. Percebendo isso e querendo recuar, o príncipe incorre desde então na má fama de miserável.

Dessa forma, não podendo usar essa qualidade de liberal sem sofrer dano ao torná-la conhecida, um príncipe deve ser prudente, deve não se preocupar com a fama de miserável; eis que, com o passar do tempo, será considerado sempre mais liberal, uma vez vendo o povo que com a sua parcimônia a receita lhe basta, pode defender-se de quem lhe mova guerra e tem possibilidade de realizar empreendimentos sem taxar excessivamente o povo; assim agindo, vem a usar liberalidade para com todos aqueles dos quais nada tira, que são numerosos, e a empregar miséria para com todos os outros a quem não dá, que são poucos.

Nos nossos tempos não temos visto grandes realizações senão daqueles que foram tidos como miseráveis, enquanto vimos os outros serem extintos. O papa Júlio II, como utilizou a fama de liberal para atingir ao papado, não pensou depois em conservá-la, para poder fazer guerra; o atual rei da França fez tantas guerras sem lançar um tributo extraordinário sobre os seus súditos somente porque sobrepôs a sua parcimônia às despesas supérfluas. O presente rei da Espanha, se tido como liberal, não teria sido bem-sucedido em tantos empreendimentos. Portanto, um príncipe deve gastar pouco para não precisar roubar os seus súditos, para poder defender-se, para não ficar pobre e desprezado, para não ser forçado a tornar-se um ladrão, não se importando de incorrer na fama de miserável, porque esse é um daqueles defeitos que o fazem reinar.

E se alguém dissesse que César alcançou o Império pela liberalidade, sem contar muitos outros que têm sido ou são considerados liberais e atingiram altíssimos postos, eu responderia: ou tu já és príncipe ou estás em via de ser. No primeiro caso, essa liberalidade é prejudicial, no segundo é bem necessário ser considerado liberal; e César era um daqueles que queriam ascender ao principado de Roma, mas se, depois que o alcançou, tivesse vivido como bem entendesse e não houvesse usado comedimento nas despesas, teria destruído o Império. E se alguém replicasse que houve muitos príncipes, tidos como extremamente liberais, que realizaram grandes feitos com os seus exércitos, eu responderia: ou o príncipe gasta do seu, ou dos seus súditos, ou de outrem; no primeiro caso, deve ser parcimonioso; nos outros, não deve deixar de praticar nenhuma liberalidade.

E aquele príncipe que vai junto com os exércitos, que se mantém de assaltos, de saques e de resgates, maneja bens de outros, tem necessidade dessa liberalidade porque, do contrário, não será seguido pelos soldados. E daquilo que não é dele nem dos seus súditos pode ele ser o mais generoso doador, como o foram Ciro, César e Alexandre; eis que gastar aquilo que é dos outros não lhe tira reputação, ao contrário, a aumenta; somente o gasto do seu patrimônio é que o prejudica.

E não há coisa que mais se destrua a si mesma do que a liberalidade, pois enquanto a usa vai perdendo a própria faculdade de utilizá-la, tornando-se pobre e desprezado ou, para fugir à pobreza, ladrão e odioso. Dentre todas as coisas de que um príncipe se deve guardar está o ser desprezado e odiado, e a liberalidade o conduz a uma e a outra dessas coisas. Portanto, é mais sábio buscar a fama de miserável, que dá origem a uma infâmia sem ódio, do que, por desejar a boa fama de liberal, se achar na necessidade de incorrer na fama de ladrão, que traz tanto a infâmia quanto o ódio do povo.

CAPÍTULO XVII
DA CRUELDADE E DA PIEDADE; E SE É MELHOR SER AMADO QUE TEMIDO, OU ANTES TEMIDO QUE AMADO

Agora me reportando às outras qualidades já referidas, afirmo que cada príncipe deve desejar ser tido como piedoso, e não como cruel: não obstante isso, deve ter o cuidado de não usar mal essa piedade. César Bórgia era considerado cruel; entretanto, essa sua crueldade tinha recuperado a Romanha, logrando uni-la e consolidá-la em paz e em lealdade. O que, se for bem considerado, mostrará que ele foi muito mais piedoso do que o povo florentino, o qual, para fugir à fama de cruel, deixou que Pistoia fosse destruída. Assim sendo, um príncipe não deve temer a má fama de cruel, desde que através dela mantenha os seus súditos unidos e leais, pois que, com poucos exemplos, ele será mais piedoso do que aqueles que, por excessiva piedade, deixam acontecer as desordens das quais resultam assassinatos ou assaltos: porque estes costumam prejudicar a comunidade inteira, enquanto aquelas execuções que emanam do príncipe atingem apenas um indivíduo. E, dentre todos os príncipes, é ao novo que se torna impossível fugir à fama de cruel, visto serem os Estados novos cheios de perigos. Diz Virgílio, pela boca de Dido: *"Res dura, et regni novitas me talia cogunt moliri, et late fines custode tueri."* [A vida dura e o novo reino me constrangem a guarnecer até as últimas fronteiras.]

    No entanto, o príncipe deve ser cuidadoso no crer e no agir, não se alarmar por si mesmo e manter o equilíbrio, com prudência e humanidade, buscando evitar que a excessiva confiança o torne incauto e a demasiada desconfiança o faça intolerável.

    Nasce daí uma questão: se é melhor ser amado que temido ou o oposto. A resposta é de que seria necessário ser uma coisa e outra; mas, como é difícil reuni-las, em tendo que faltar uma das duas é muito mais seguro ser temido do que amado. Isso porque dos homens pode-se dizer, geralmente, que são ingratos, volúveis, falsos, temerosos do perigo, ambiciosos de ganho; e, enquanto lhes fizer bem, são todos seus, oferecem-lhe o próprio sangue, os bens, a vida, os filhos, desde que, como se disse acima, a necessidade esteja longe; quando esta se avizinha, porém, revoltam-se. E o príncipe que confiou inteiramente nas suas palavras, encontrando-se destituído de outros meios de defesa, está perdido: as amizades que se adquirem por dinheiro, e não pela grandeza e nobreza de alma, são compradas, mas com elas não se pode contar, e no momento oportuno, não se torna possível utilizá-las. E os homens em geral se sentem mais à vontade para ofender a quem é amado do que a quem é temido, visto que a amizade é mantida por um vínculo de obrigação que termina por ser quebrado a cada oportunidade que lhes seja conveniente, pois que a maior parte dos homens é má; o temor, no entanto, é sempre mantido pelo receio do castigo, receio este que jamais se esvanece.

Deve o príncipe, não obstante, fazer-se temer de forma que, se não puder conquistar o amor, fugir ao ódio, mesmo porque podem muito bem coexistir o ser temido e o não ser odiado: isso ele conseguirá sempre que se abstenha de tomar os bens e as mulheres dos seus cidadãos e dos seus súditos, e, em se lhe tornando necessário derramar o sangue de alguém, faça-o quando existir conveniente justificativa e causa manifesta. Deve, sobretudo, abster-se dos bens alheios, posto que os homens esquecem mais rapidamente a morte do pai do que a perda do patrimônio. Além disso, nunca faltam motivos para justificar as expropriações, e aquele que começa a viver de assaltos sempre encontra razões para se apossar dos bens alheios, ao passo que as razões para o derramamento de sangue são mais raras e se esgotam mais rapidamente.

Mas quando o príncipe está à frente dos seus exércitos e tem sob seu comando uma multidão de soldados, então é de todo necessário não se importar com a fama de cruel, visto que, sem ela, jamais conservará um exército unido e disposto a alguma batalha. Dentre as admiráveis ações de Aníbal, menciona-se esta: tendo um exército imenso, constituído de homens de inúmeras raças, conduzido a batalhar em terras alheias, nunca surgiu nenhuma dissensão entre eles ou contra o príncipe, tanto na má como na boa fortuna. Isso não pode resultar de outra coisa senão daquela sua desumana crueldade que, aliada às suas infinitas virtudes, o tornou sempre venerado e terrível no conceito dos seus soldados; sem aquela crueldade, as virtudes não lhe teriam bastado para surtir tal efeito, e, todavia, historiadores que pouco refletiram sobre o tema de um lado admiram essa sua atuação, e de outro, condenam a principal causa dela.

Para provar que, de fato, as suas outras virtudes não seriam o bastante, pode-se considerar o caso de Cipião, homem dos mais notáveis não somente nos seus tempos como também na memória de todos os fatos conhecidos, cujos exércitos se revoltaram na Espanha em consequência da sua excessiva piedade, pois que havia concedido aos seus soldados mais liberdades do que convinha à disciplina militar. Tal fato foi-lhe censurado no Senado por Fábio Máximo, o qual o chamou de corruptor da milícia romana. Os locrenses, tendo sido arruinados e abatidos por um legado de Cipião, não foram por ele vingados, nem a insolência daquele legado foi reprimida, resultando tudo isso da sua natureza fácil; tanto assim que, querendo alguém inocentá-lo perante o Senado, disse haver muitos homens que melhor sabiam não errar do que corrigir os erros. Essa sua natureza teria com o tempo sacrificado a fama e a glória de Cipião, tivesse ele perseverado no comando; mas, vivendo sob o governo do Senado, esta sua prejudicial qualidade não só desapareceu como lhe resultou em glória.

Sendo assim, concluo voltando à questão de ser temido ou amado: um príncipe sábio, amando os homens como a eles agrada e sendo por eles temido como deseja, deve se apoiar naquilo que é seu, e não no que é dos outros; ou seja, como foi dito, deve apenas se empenhar em evitar o ódio do povo.

CAPÍTULO XVIII
DE QUE MODO OS PRÍNCIPES DEVEM MANTER A FÉ DA PALAVRA DADA

O quão louvável é ao príncipe manter a fé da palavra dada e viver com integridade, e não com astúcia, todos compreendem; no entanto, veem-se na nossa época, pela experiência, alguns príncipes realizando grandes feitos apesar de terem tido em pouca conta a fé da palavra dada, sabendo pela astúcia confundir a inteligência dos homens; e, ao final, conseguiram superar aqueles que se firmaram sobre a lealdade.

Assim sendo, é proveitoso saber que existem dois modos de combater: um, com as leis; o outro, com a força. O primeiro é próprio do homem, o segundo, dos animais; no entanto, como o primeiro modo muitas vezes não é suficiente, convém recorrer ao segundo. Portanto, a um príncipe torna-se necessário saber quando empregar o homem, e quando se valer do animal. Esta matéria, aliás, foi ensinada aos príncipes de maneira velada pelos antigos escritores, que descrevem como Aquiles e muitos outros príncipes antigos foram confiados à educação do centauro Quíron. Ora, ter por preceptor um ser meio homem e meio animal não quer dizer outra coisa que não que um príncipe precisa saber usar uma e outra dessas naturezas: uma sem a outra não é duradoura.

Dessa forma, necessitando um príncipe saber bem empregar o animal, deve deste tomar como modelos a raposa e o leão, porque este não se defende dos laços e aquela não tem defesa contra os lobos. É preciso, portanto, ser raposa para conhecer os laços e leão para aterrorizar os lobos. Aqueles que agem apenas como o leão não conhecem a sua arte. Logo, um senhor prudente não pode nem deve guardar a sua palavra, quando isso for prejudicial aos seus interesses e quando desapareceram as causas que o levaram a empenhá-la. Se todos os homens fossem bons, este preceito seria mau; mas porque são maus e na adversidade não manteriam a sua lealdade para contigo, não há razão para que tu lhes seja fiel. Jamais faltaram a um príncipe razões legítimas para justificar a sua quebra da palavra. Disto se poderia dar inúmeros exemplos modernos, mostrar quantas pazes e quantas promessas foram tornadas nulas e vãs pela infidelidade dos príncipes; e assim aquele que com mais perfeição soube agir como a raposa se saiu melhor.

Mas é necessário saber bem disfarçar esta qualidade e ser grande simulador e dissimulador: tão simples são os homens e de tal forma cedem às necessidades presentes que aquele que engana sempre encontrará quem se deixe enganar.

Não quero deixar de apontar um dos exemplos recentes: Alexandre VI jamais fez outra coisa, jamais pensou em outra coisa, senão enganar os homens, sempre encontrando ocasião para assim proceder. Nunca existiu homem que tivesse maior eficácia em prometer uma coisa sob muitos juramentos e que, depois, menos a cumprisse; não obstante, as suas enganações sempre lhe trouxeram um resultado que era do seu desejo, pois ele bem conhecia este lado do mundo.

Assim, não é essencial a um príncipe possuir todas as qualidades acima mencionadas, mas é certamente necessário parecer possuí-las. Antes, ousarei dizer que, possuindo-as e usando-as sempre, elas são danosas, ao passo que, aparentando possuí-las, são úteis; por exemplo: parecer piedoso, fiel, humano, íntegro, religioso, e sê-lo realmente, mas estar com o espírito preparado e disposto de modo que, precisando não sê-lo, possa e saiba se tornar o oposto. Deve-se compreender que um príncipe, e em particular um príncipe novo, não pode praticar todas aquelas coisas pelas quais os homens são considerados bons, uma vez que, para manter o Estado, frequentemente é obrigado a agir contra a fé, contra a caridade, contra a humanidade, contra a religião. Porém, é preciso que ele tenha um espírito disposto a voltar-se segundo os ventos da sorte e as variações dos fatos e, como acima se disse, não se apartar em definitivo bem, e sabendo adentrar o mal, quando necessário.

Dessa forma, um príncipe deve ter muito cuidado em não deixar escapar da sua boca nada que não seja repleto das cinco qualidades acima mencionadas, para parecer, ao vê-lo e ouvi-lo, todo piedade, todo fé, todo integridade, todo humanidade, todo religião; e nada existe mais necessário de ser aparentado do que esta última qualidade. É que os homens em geral julgam mais pelos olhos do que pelas mãos, porque a todos cabe ver, mas poucos são capazes de sentir. Todos veem o que tu aparentas ser, mas poucos sentem aquilo que realmente és; e esses poucos não se atrevem a contrariar a opinião dos muitos, que, aliás, estão protegidos pela majestade do Estado; e nas ações de todos os homens, em especial dos príncipes, onde não existe tribunal a que recorrer, o que importa é o seu sucesso. Desse modo, que um príncipe busque sempre vencer e manter o Estado: os meios serão sempre julgados honrosos e por todos louvados, porque o vulgo sempre se deixa levar pelas aparências e pelos resultados, e no mundo não existe senão o vulgo; os poucos não podem se fazer ouvir quando os muitos têm onde se apoiar. Algum príncipe dos tempos atuais, que não convém nomear, não prega senão a paz e a fé, mas de uma e outra é ferrenho inimigo; uma e outra, se ele as tivesse praticado, teriam por mais de uma vez lhe tolhido a reputação ou o Estado.

CAPÍTULO XIX
DE COMO SE DEVE EVITAR SER DESPREZADO E ODIADO

Como já me pronunciei acerca das mais importantes dentre as qualidades acima mencionadas, agora quero falar rapidamente sobre as outras, sob estas generalidades: que o príncipe considere (como acima se disse em parte) evitar aquelas circunstâncias que possam torná-lo odioso e desprezível; sempre que assim proceder, terá cumprido o que lhe compete e não encontrará perigo algum nos demais defeitos. Ser odioso o tornará, acima de tudo, como já foi dito, um assaltante e usurpador dos bens e das mulheres dos súditos, do que se deve abster; e desde que não se tirem nem os bens nem a honra à universalidade dos homens, estes vivem felizes, e somente se terá de combater a ambição de poucos, o que se refreia por muitas maneiras e com facilidade. Ser desprezível lhe trará a fama de volúvel, leviano, efeminado, covarde, irresoluto, do que um príncipe deve se guardar de todas as formas, empenhando-se para que nas suas ações se reconheça grandeza, coragem, gravidade e fortaleza; com relação às ações privadas dos súditos, deve querer que a sua sentença seja irrevogável; deve manter-se em tal conceito que ninguém possa pensar em enganá-lo ou traí-lo.

O príncipe que dá de si esta opinião mantém excelente reputação, e contra quem é bem reputado só com muita dificuldade se conspira; dificilmente é atacado, desde que mantenha a sua boa fama e seja reverenciado pelos seus. Na realidade, um príncipe deve ter dois temores: um de ordem interna, de parte dos seus súditos, o outro de natureza externa, de parte dos soberanos estrangeiros. Destes se defende com boas armas e bons amigos; e sempre que tenha boas armas terá bons amigos. A situação interna, desde que ainda não perturbada por uma conspiração, estará segura sempre que esteja estabilizada a externa; mesmo quando esta se agite, se o príncipe organizou-se e viveu como eu já disse, desde que não desanime, resistirá a qualquer impacto, como salientei ter feito o espartano Nábis.

No entanto, a respeito dos súditos, quando os negócios externos não se agitam, deve-se temer que conspirem secretamente, contra o que o príncipe se assegura firmemente fugindo de ser odiado ou desprezado e mantendo o seu povo satisfeito; isto é sempre de essencial necessidade, como já acima se falou longamente. Um dos mais poderosos remédios de que um príncipe pode dispor contra as conspirações é não ser odiado pela maioria, porque quem conspira sempre pensa que a morte do príncipe satisfará o povo, porém, quando considera que com isso irá ofendê-lo, não se anima a prosseguir com a ideia do assassinato, mesmo porque as dificuldades com as quais os conspiradores têm de se defrontar são infinitas. Por experiência vê-se que muitas foram as conspirações, mas poucas tiveram bom fim, pois quem conspira não pode estar só, nem pode ter por companheiros senão aqueles que acredite estarem descontentes; e logo que revelas a um descontente a tua intenção dás a ele motivo para ficar contente, porque, evidentemente, ele pode daí esperar todas as vantagens; de forma que, vendo o ganho certo de um lado, sendo o outro dúbio e cheio de perigo, é preciso seja extraordinário amigo teu ou implacável inimigo do príncipe para manter contigo a palavra empenhada.

Para reduzir o assunto a termos breves, digo que do lado do conspirador não há senão medo, ciúme e a suspeita de castigo que o atordoa; mas do lado do príncipe estão a majestade do principado, as leis, as barreiras dos amigos e do Estado que o defendem; por consequência, somada a tais fatores a benevolência popular, é impossível que exista alguém tão temerário que venha a conspirar. Isso porque, geralmente, onde um conspirador já tem medo antes da execução do mal, se tiver o povo por inimigo, deve temer ainda mesmo depois de ocorrido o fato, não podendo por isso esperar nenhum amparo.

Deste assunto poder-se-iam citar inúmeros exemplos; porém, limito-me a apenas um, conservado pela recordação dos nossos pais. Tendo sido Aníbal Bentivoglio, príncipe em Bolonha e avô do atual Aníbal, morto pelos Canneschi, que contra ele haviam conspirado, não restando da sua família senão Giovanni, que era ainda criança de colo, logo após esse homicídio o povo se levantou e matou todos os Canneschi. Isso resultou do carinho popular que a casa de Bentivoglio desfrutava naqueles tempos, carinho esse tão grande que, não restando em Bolonha nenhum membro dessa família em condições de poder governar o Estado após a morte de Aníbal, e constando haver em Florença um descendente dos Bentivoglio que se julgava até então filho de um artífice, os bolonheses foram até essa cidade e lhe confiaram o governo daquela comunidade, a qual foi por ele dirigida até que Giovanni atingisse a idade conveniente para governar.

Assim sendo, concluo que um príncipe deve dar pouca importância às conspirações se o povo lhe é benevolente; mas quando este lhe seja adverso e lhe tenha ódio, deve temer tudo e todos. Os Estados bem organizados e os príncipes hábeis têm com toda a diligência procurado não desesperar os grandes e satisfazer o povo conservando-o contente, mesmo porque este é um dos mais importantes assuntos a que um príncipe tem de se dedicar.

Entre os reinos bem organizados e governados nos nossos tempos está aquele da França. Nele existem inúmeras boas instituições, das quais dependem a liberdade e a segurança do rei; a primeira delas é o Parlamento com a sua autoridade. Aquele que organizou esse reino, conhecendo a ambição dos poderosos e a sua insolência, julgando ser necessário pôr um freio para corrigi-los e, de outra parte, por conhecer o ódio da maioria contra os grandes com base no medo, desejando protegê-la, mas não querendo que tal proteção ficasse a cargo do rei, buscou dele retirar o peso do ódio dos grandes em sendo favorecido o povo ou a raiva do povo, quando a elite é favorecida; por isso, constituiu um terceiro juiz que fosse aquele que, sem responsabilidade do rei, contivesse os grandes e amparasse os pequenos. Essa ordem não podia ser melhor ou mais prudente, nem se pode negar que é a maior razão da segurança do rei e do reino. Daí pode-se tirar outra conclusão digna de nota: os príncipes devem atribuir aos outros as coisas odiosas, reservando para si aquelas que lhe conferem boa fama. Novamente concluo que um príncipe deve estimar os grandes, mas não se tornar odiado pelo povo.

Talvez possa parecer a muitos, considerando a vida e a morte de alguns imperadores romanos, que elas foram exemplos contrários à minha opinião, dado que viveram exemplarmente e demonstraram grandes virtudes e, sem embargo disso, perderam o Império ou mesmo foram mortos pelos seus que contra eles conspiraram. Assim, para responder a estas objeções, falarei das qualidades de alguns imperadores, mostrando as causas da sua ruína, não discrepantes das minhas conclusões, e ao mesmo tempo, porei em consideração aqueles fatos que são notáveis para quem lê as ações daqueles tempos.

Considero suficiente citar todos os imperadores que se sucederam no poder, desde Marco, o filósofo, até Maximino, os quais foram Marco, seu filho Cômodo, Pertinax, Juliano, Severo, seu filho Antonino Caracala, Macrino, Heliogábalo, Alexandre e Maximino.

Deve-se notar inicialmente que, enquanto nos outros principados tem-se de lutar apenas contra a ambição dos grandes e a insolência do povo, os imperadores romanos encontravam uma terceira dificuldade, aquela de terem de suportar a crueldade e a ambição dos soldados. Esta terceira dificuldade era tão grave que se tornou a causa da ruína de muitos, pois é difícil satisfazer ao mesmo tempo os soldados e o povo: este amava a paz e, por isso, estimava os príncipes moderados, ao passo que os soldados amavam o príncipe de ânimo militar, que fosse insolente, cruel e saqueador, querendo que ele exercesse tais violências contra as populações para poder ter, assim, duplicado o soldo militar e, num ciclo vicioso, a expansão da sua capacidade de saquear ainda mais.

Tais fatos fizeram com que aqueles imperadores que, por natureza ou por engenho, não desfrutavam uma grande reputação de forma a poder manter freados um e outros sempre acabassem se arruinando; a maioria deles, sobretudo aqueles que ainda jovens chegavam ao principado, conhecida a dificuldade que resultava desses dois sentimentos diversos, se dedicavam a satisfazer os soldados, pouco se preocupando com o fato de que dessa forma acabavam por ofender o povo. Esse partido era necessário: porque, não podendo o príncipe deixar de ser odiado por alguém, deve primeiro buscar não ser odiado por nenhuma classe social; mas, quando não pode conseguir isto, deve empenhar-se em, por todos os meios, evitar o ódio daquelas classes que são mais poderosas. Por isso, aqueles imperadores que, por serem novos no cargo, tinham necessidade de favores extraordinários favoreciam antes os soldados que o povo, o que não obstante se tornava útil ou não, conforme soubessem ou não conservar a sua boa reputação entre eles.

Das razões mencionadas, resultou que Marco, Pertinax e Alexandre, todos eles de vida modesta, amantes da justiça, inimigos da crueldade, humanos e benignos, ainda assim tiveram, já após Marco, um triste fim. Somente Marco viveu e morreu honrado, visto ter alcançado o império de forma hereditária, não tendo de agradecer nem aos soldados nem ao povo; depois, sendo dotado de muitas virtudes que o faziam venerando, teve sempre, enquanto viveu, uma ordem e outra dentro dos seus limites, não sendo jamais odiado ou desprezado. Mas Pertinax foi tornado imperador contra a vontade dos soldados, que, acostumados a viver licenciosamente sob Cômodo, não puderam suportar aquela vida honesta a que o imperador queria reduzi-los; por isso, tendo Pertinax criado ódio contra si e a este ódio acrescido o desprezo por já ser idoso, arruinou-se logo no início da sua administração.

Deve-se notar aqui que o ódio se adquire tanto pelas boas como pelas más ações: como já disse acima, querendo um príncipe conservar o Estado, frequentemente é forçado a não ser bom, pois quando aquele elemento mais forte – o povo, os soldados ou a elite – de que julga necessitar para manter-se é corrompido, convém que siga o seu desejo para satisfazê-lo; então, as boas obras se tornam suas inimigas.

Mas passemos a Alexandre, o qual foi de tanta bondade que, entre outros louvores que lhe são endereçados, existe este de que, em quatorze anos que conservou o poder, não foi executada nenhuma pessoa sem julgamento; contudo, sendo considerado efeminado e homem que se deixava governar pela mãe, tornou-se desprezado, o exército conspirou, e ele foi assassinado.

Falando agora, por outro lado, das qualidades de Cômodo, Severo, Antonino Caracala e Maximino, creio que tu os acharás extremamente cruéis e ladinos: para satisfazer os soldados, não pouparam nenhuma espécie de injúria que pudesse ser cometida contra o povo; todos, exceto Severo, tiveram triste fim. É que Severo possuiu tanto valor que, conservando os soldados como seus amigos, ainda que o povo fosse por ele oprimido, pôde sempre reinar com felicidade, pois aquelas suas virtudes o tornavam tão admirável no conceito dos soldados e do povo que este ficava por assim dizer atônito e aturdido, e aqueles, reverentes e satisfeitos. E, porque as ações de Severo foram grandes e notáveis num príncipe novato, desejo mostrar de forma breve quão bem soube ele usar a ação da raposa e do leão, naturezas essas que, conforme foi dito acima, devem ser imitadas pelos príncipes.

Tendo Severo conhecido a covardia do imperador Juliano, persuadiu o seu exército, do qual era capitão na Stiavonia, de que era conveniente ir a Roma para vingar a morte de Pertinax, assassinado pelos soldados pretorianos; sob este pretexto, sem demonstrar aspirar ao Império, conduziu o exército contra Roma, chegando à Itália antes que fosse conhecida a sua partida.

Estando em Roma, com medo o Senado o elegeu imperador, sendo morto Juliano. A seguir, restavam a Severo duas dificuldades para controlar todo o Estado: uma na Ásia, onde Pescênio Nigro, chefe dos exércitos asiáticos, se fizera aclamar imperador; a outra no poente, onde estava Albino, que, por sua vez, também aspirava ao Império. Como julgou perigoso revelar-se inimigo de ambos, deliberou atacar Nigro e enganar Albino, a quem escreveu que, tendo sido pelo Senado eleito imperador, desejava com ele compartilhar o governo; enviou-lhe o título de César e, por deliberação do Senado, tornou-o seu colega. Albino aceitou tais coisas como verdadeiras; mas, depois que venceu e matou Nigro, pacificados os negócios orientais e retornado a Roma, Severo queixou-se ao Senado de que Albino, pouco reconhecido dos benefícios dele recebidos, tinha dolosamente procurado matá-lo, razão pela qual via necessidade de ir punir a sua ingratidão. Depois, foi ao seu encontro na França e lhe roubou o governo e a vida.

Assim sendo, quem examinar minuciosamente as ações deste homem encontrará um ferocíssimo leão e uma raposa assaz astuciosa, o verá temido e reverenciado por todos e não odiado pelos exércitos, e não se admirará de que ele, homem jovem, tenha conseguido deter tanto poder; a sua alta reputação o defendeu sempre daquele ódio que, pelos seus assaltos, o povo poderia ter concebido contra ele. Mas seu filho Antonino Caracala foi, também ele, homem que possuía excelentes qualidades que o faziam maravilhoso no conceito do povo e querido pelos soldados; era um militar que suportava muito bem qualquer esforço, desprezava os alimentos delicados e abominava toda e qualquer frouxidão, o que o tornava amado por todos os exércitos. No entanto, a sua ferocidade e crueldade foram tantas e tão insólitas, a ponto de, depois de inúmeros assassinatos privados, ter dado cabo de grande parte da população de Roma e toda aquela de Alexandria, que veio a se tornar extremamente odioso para todo o mundo: começou a ser temido também por aqueles que o rodeavam, de forma que foi morto por um centurião em meio ao seu exército.

A propósito do que foi dito, é de se notar que tais assassinatos, decorrentes da deliberação de um espírito obstinado, não podem ser evitados pelos príncipes, porque todo aquele que não teme morrer pode golpeá-los. No entanto, o príncipe pouco deve temer, porque tais mortes são raras. Deve apenas cuidar para que não faça grave injúria a algum daqueles de que se serve e que tem ao seu redor no serviço do principado, como fez Antonino Caracala, que havia assassinado vilmente um irmão daquele centurião e ainda ameaçava este diariamente, enquanto o conservava na sua própria guarda; era uma decisão temerária e capaz de destruí-lo, como de fato ocorreu.

Passemos a Cômodo, para quem era de grande facilidade manter o Império por possuí-lo de forma hereditária, uma vez que era filho de Marco; bastava-lhe seguir as pegadas do pai e teria satisfeito os soldados e o povo. Mas, sendo de espírito cruel e bestial, para poder assaltar o povo passou a cativar os exércitos e torná-los licenciosos; por outro lado, não mantendo a sua dignidade, descendo frequentemente às arenas para combater com os gladiadores, fazendo outras coisas extremamente vis e pouco dignas da majestade imperial, tornou-se desprezível no conceito dos soldados. E, sendo odiado por uns e desprezado por outros, conspiraram contra ele, e foi morto.

Ainda nos resta narrar as qualidades de Maximino. Este foi um homem muito voltado à guerra; assim, estando os exércitos enfastiados da moleza de Alexandre, de quem falei acima, elegeram-no para o governo após a sua morte. Maximino não possuiu o poder por muito tempo, pois duas coisas o tornaram odiado e desprezado: uma, o ser de condição extremamente comum, pois já havia pastoreado ovelhas na Trácia (fato por todos bastante conhecido e que lhe causava grande depreciação no conceito geral); a outra porque, tendo no início do seu principado demorado em se dirigir a Roma e tomar posse do trono imperial, dera de si a impressão de ser ferocíssimo, eis que, por intermédio dos seus prefeitos, em Roma e em muitos pontos do Império, praticara numerosas crueldades. De modo que, agitado todo o mundo pelo desprezo à baixeza do seu sangue e tomado de ódio pelo medo à sua ferocidade, rebelou-se primeiro a África, depois o Senado com todo o povo de Roma, e enfim toda a Itália contra ele conspirou. A esse movimento juntou-se o seu próprio exército, que, fazendo campanha em Aquileia e encontrando dificuldade nas batalhas, aborrecido da sua crueldade e o temendo menos por vê-lo com tantos inimigos, terminou por o assassinar.

Não quero falar nem de Heliogábalo, nem de Macrino, nem de Juliano, os quais, por serem inteiramente desprezíveis, se extinguiram rapidamente; assim sendo, passarei logo à conclusão deste assunto: digo que os príncipes da nossa época têm a menos, nos seus governos, esta dificuldade de satisfazer extraordinariamente os soldados, eis que, não obstante se deva ter para com eles alguma consideração, isso se resolve logo, pois nenhum destes príncipes tem um exército que seja enraizado com os governos e administrações das províncias, como eram os exércitos do Império Romano. Porém, se então era necessário agradar mais os soldados do que o povo, isso decorria do fato de que os soldados podiam mais que a gente comum; agora é necessário a todos os príncipes, exceto ao turco e ao sultão, satisfazer mais o povo que os militares, porque hoje o povo tem mais poder de mobilização.

Faço exceção do turco em razão de ele ter sempre, em torno de si, doze mil infantes e quinze mil soldados de cavalaria, dos quais dependem a segurança e o poderio do seu reino; e é necessário que, postergada qualquer outra consideração, esse senhor os conserve amigos. E deve notar que este Estado do sultão é diverso de todos os outros principados: ele é semelhante ao pontificado cristão, a que não se pode chamar nem principado hereditário nem principado novo, visto que não são os filhos do príncipe velho que os herdam e se tornam senhores, mas sim aquele eleito para o posto pelos que têm autoridade. E sendo esta uma instituição antiga, não se pode chamar de principado novo, dado que nela não existem algumas das dificuldades que se encontram nos novos: se bem o príncipe seja novo, as instituições desse Estado são velhas e ordenadas a recebê-lo como se fosse o seu senhor hereditário.

Voltemos ao nosso assunto. Eu afirmo que todo aquele que considere o que foi exposto acima verá o ódio ou o desprezo terem sido a causa da ruína dos imperadores citados e saberá, ainda, pois uns agiram de um modo e outros doutro modo oposto, que em qualquer um desses modos de agir alguns deles tiveram um resultado feliz, enquanto os outros terminaram infelizes. A Pertinax e Alexandre, por serem príncipes novos, foi inútil e prejudicial querer imitar Marco, que se encontrava no principado hereditário; igualmente, a Caracala, Cômodo e Maximino foi pernicioso haver tentado imitar Severo, por não possuírem tanta virtude que fosse bastante para que pudessem seguir os seus passos. Assim sendo, um príncipe novo, num principado novo, não pode imitar as ações de Marco, e tampouco é necessário seguir as de Severo; deve tomar de Severo aquelas qualidades que forem necessárias para fundar o seu Estado, e de Marco aquelas que forem convenientes e gloriosas para conservar um governo já estabelecido e firme.

CAPÍTULO XX
SE AS FORTALEZAS E MUITAS OUTRAS COISAS QUE A CADA DIA SÃO FEITAS PELOS PRÍNCIPES SÃO ÚTEIS OU NÃO

Buscando conservar o Estado de forma segura, alguns príncipes desarmaram os seus súditos, outros mantiveram divididas as terras sob o seu domínio, alguns nutriram inimizades contra si mesmos, outros se dedicaram a conquistar o apoio daqueles que lhes pareciam suspeitos no início do seu governo, alguns construíram fortalezas, outros as arruinaram e destruíram. E, apesar de não ser possível estabelecer determinado juízo sobre todas essas coisas sem entrar nas particularidades de cada um dos Estados onde foram tomadas algumas dessas decisões, falarei de maneira genérica, compatível com o assunto.

Jamais existiu um príncipe novo que desarmasse os seus súditos; pelo contrário, sempre que os encontrou desarmados, lhes deu armas. Isto porque, os armando, tais armas passam a ser suas, tornam fiéis aqueles que lhe são suspeitos, os que eram fiéis assim se conservam, e de súditos se transformam em seus partidários. E, uma vez que não é possível armar todos os súditos, beneficiados aqueles que armou, com os demais pode tratar mais seguramente; essa diversidade de tratamento que reconhecem em teu favor os torna obrigados para contigo, e os outros irão te perdoar, julgando ser necessário que aqueles outros ganhem mais recompensas por estarem sujeitos a maiores perigos e maiores obrigações. Porém, quando os desarmas, começas a ofendê-los, a mostrar que duvida da sua fidelidade, ou por vileza ou por desconfiança uma ou outra destas opiniões acarreta em ódio contra ti. E, por não ser viável ficar desarmado, se torna necessário que recorras à milícia mercenária, que é daquela qualidade que já foi dita e, mesmo quando for boa, não o será de forma a te defender dos inimigos poderosos e dos súditos suspeitos.

No entanto, como eu disse, um príncipe novo num principado também novo sempre organizou as forças armadas, e destes exemplos a história está cheia. Mas quando um príncipe conquista um novo Estado que, como membro, se agrega ao antigo, então é necessário desarmar o conquistado, salvo aqueles que foram conquistados pelos seus partidários; estes mesmos, com o tempo e a oportunidade, devem ser tornados amolecidos e acovardados, procedendo-se de modo que as armas fiquem somente em poder dos seus próprios soldados, ou seja, aqueles que no Estado antigo estavam do seu lado.

Os nossos antepassados e aqueles que eram considerados judiciosos costumavam dizer que Pistoia precisava ser mantida pela divisão do povo, e Pisa, pelas fortalezas; e por isso mesmo, em algumas regiões por eles conquistadas, mantinham as discórdias entre os partidos para dominá-las mais facilmente. Isto, naqueles tempos em que a Itália apresentava certo equilíbrio, devia ser útil. Mas não creio se possa admitir tal como um preceito atual, eis que não acredito que pudessem as divisões alguma vez acarretar qualquer benefício; ao contrário, quando o inimigo se aproxima as cidades divididas certamente logo se perdem, visto que a parte mais fraca sempre irá se render às forças externas, e a outra não poderá resistir.

Os venezianos, levados pelas razões acima mencionadas segundo acredito, incentivavam as facções guelfas e gibelinas nas cidades a eles submetidas; e, se bem nunca as deixassem chegar à luta, alimentavam entre elas essas divergências para que, ocupados os cidadãos naquelas suas diferenças, não se unissem contra eles. Isso, como se viu, não lhes foi realmente benéfico porque, derrotados em Vailá, logo algumas daquelas cidades passaram a se insurgir e lhes tomaram todo o Estado. Tais atitudes revelam fraqueza do príncipe, eis que em um principado poderoso jamais serão permitidas semelhantes divisões, que são úteis somente em tempo de paz. Ainda que por elas pode-se mais facilmente manejar os súditos, uma vez chegada a guerra, tal sistema revela a sua falácia.

Sem sombra de dúvida os príncipes se tornam grandes quando superam as dificuldades e as oposições que lhes são antepostas; porém a fortuna, sobretudo quando quer tornar grande um príncipe novo, que tem mais necessidade de adquirir reputação do que um hereditário, o faz nascer dos inimigos e determina que lhe sejam opostos embaraços, a fim de que ele tenha oportunidade de superá-los e, assim, possa subir mais alto pela escada que os inimigos lhe oferecem. Por isso, muitos pensam que um príncipe hábil deve, quando tenha ocasião, incentivar com astúcia alguma inimizade para, eliminada esta, continuar a ascensão da sua grandeza.

Os príncipes, particularmente aqueles que são novos, têm encontrado mais lealdade e maior utilidade nos homens que no início do seu governo foram considerados suspeitos do que nos que inicialmente eram seus confidentes. Pandolfo Petrucci, príncipe de Siena, dirigia o seu Estado mais com aqueles que lhe foram suspeitos do que com os que não o foram. Mas deste assunto não é possível falar em caráter genérico, pois ele varia segundo cada caso em particular. Somente direi isto: os homens que no início de um principado haviam sido inimigos, estando numa condição em que para se manterem precisam de apoio, sempre poderão ser conquistados pelo príncipe com grande facilidade; e eles tanto mais serão forçados a servi-lo com lealdade quanto reconheçam lhes seja necessário cancelar com obras aquela má opinião que, a seu respeito, se fazia. Assim, o príncipe deles obtém sempre maior utilidade do que daqueles que, servindo-o com excessiva segurança, descuidem dos seus interesses.

Já que o assunto torna oportuno, não quero deixar de recordar aos príncipes que tomaram um Estado novo pelo favor de alguns dos seus habitantes deverem considerar bem qual a razão que determinou a forma como agiram aqueles que o favoreceram; se não é ela afeição natural em relação a ele, mas sim se o apoio decorreu do fato de não estarem satisfeitos com o Estado anterior, só com esforço e grande dificuldade se poderá conservá-los amigos, dado que é quase impossível que possam vir a ser satisfeitos. E, considerando bem os exemplos que se extraem das coisas antigas e modernas, em razão disso se perceberá ser muito mais fácil ao príncipe tornar amigos aqueles homens que se contentavam com o regime antigo, e, portanto, eram seus inimigos, do que aqueles que, por descontentes, se tornaram seus amigos e o favoreceram na conquista.

Tem sido costume dos príncipes, para poder manter o seu Estado mais seguramente, edificar fortalezas que sejam a rédea e o freio postos aos que desejassem enfrentá-los, bem como um refúgio seguro contra um ataque surpresa. Eu louvo tal estratégia, pois já é usada desde os tempos remotos; não obstante, o senhor Nicolau Vitelli, nos tempos atuais, destruiu duas fortalezas na Cidade de Castelo para, dessa forma, conservar o Estado. Guido Ubaldo, duque de Urbino, tendo retornado ao seu domínio de que havia sido expulso por César Bórgia, destruiu desde os alicerces todas as fortalezas daquela província, por entender que sem elas seria mais difícil perder novamente o seu Estado. Os Bentivoglio, retornados a Bolonha, usaram de igual expediente. Portanto, as fortalezas são úteis ou não segundo os tempos; se te fazem bem por um lado, podem muito bem te prejudicar por outro. Pode-se explicar melhor tal afirmativa pela forma a seguir exposta:

O príncipe que tiver mais temor do seu povo do que dos estrangeiros deve construir as fortalezas; mas aquele que sentir mais medo dos estrangeiros que de seu povo deve abandoná-las. O castelo de Milão, edificado por Francisco Sforza, fez e fará mais guerra à casa dos Sforza do que qualquer outra desordem naquele Estado. Por isso, a melhor fortaleza que possa existir é o não ser odiado pelo povo: mesmo que tenhas fortificações elas de nada valem se o povo te odeia, pois quando o teu próprio povo pega em armas contra ti, nunca faltam estrangeiros que os queiram ajudar. Nos nossos dias vê-se que as fortalezas não têm sido proveitosas a príncipe algum, exceto à condessa de Forli: quando foi morto o conde Girolamo, seu esposo, eis que ela, refugiando-se numa fortificação, pôde escapar ao ímpeto popular, esperar pelo socorro de Milão e recuperar o Estado; ademais, as circunstâncias eram tais que os estrangeiros não podiam vir em socorro do povo. Depois, também para ela pouco valeram as fortalezas quando César Bórgia a atacou, e o povo, seu inimigo, aliou-se ao estrangeiro. Portanto, teria sido mais seguro para ela, quer então ou antes, não ser odiada pelo povo do que possuir fortalezas. Consideradas assim todas estas questões, louvarei tanto os que fizerem como os que não fizerem as fortalezas e censurarei aquele que, crendo estar em segurança nas suas fortificações, venha a subestimar o fato de ser odiado pelo próprio povo.

CAPÍTULO XXI
O QUE CONVÉM A UM PRÍNCIPE PARA SER ESTIMADO

Nada torna um príncipe tão estimado como as grandes empreitadas e o dar de si raros exemplos. Temos, nos nossos tempos, Fernando de Aragão, atual rei da Espanha. Ele pode ser considerado quase um príncipe novo, porque de um rei fraco tornou-se, pela fama e pela glória, o primeiro rei dos cristãos; e se considerarmos as suas ações, as acharemos todas grandiosas e algumas mesmo extraordinárias. No começo do seu reinado, Fernando assaltou Granada, e essa campanha foi o fundamento do seu Estado. Primeiro ele o fez isoladamente, sem luta com outros Estados e sem receio de ser impedido de tal; manteve ocupadas nesse empreendimento as atenções dos barões de Castela, que, pensando na guerra, não cogitavam de inovações, e ele, por esse meio, adquiria reputação e autoridade sobre eles sem que pudessem perceber. Pôde manter exércitos com dinheiro da Igreja e do povo e, com tão longa campanha, estabeleceu a organização da sua milícia, que depois tanto o honrou. Além disto, para poder galgar maiores empreendimentos, se valendo sempre da religião, dedicou-se a uma piedosa crueldade expulsando e livrando o seu reino dos marranos, ação de que não pode haver exemplo mais miserável nem mais raro. Sob essa mesma capa, atacou a África, fez a campanha da Itália e, ultimamente, assaltou a França; assim, sempre realizou e galgou grandes empreendimentos, os quais por todo o tempo mantiveram suspensos e admirados os ânimos dos súditos, ocupados em esperar o êxito dessas guerras. Essas suas ações nasceram umas das outras, pelo que, entre elas, não houve tempo para que os homens pudessem agir contra ele.

Muito auxilia a um príncipe dar de si exemplos raros na forma com que se comporta com os súditos, semelhantes àqueles que são narrados do senhor Barnabé de Milão, quando surge a oportunidade de alguém ter realizado alguma coisa extraordinária de bem ou de mal na vida civil, obtendo meio de premiá-lo ou puni-lo por forma que seja bastante comentada. Acima de tudo, um príncipe deve empenhar-se em dar de si, com cada ação, um exemplo de grande homem e de inteligência extraordinária.

Um príncipe também é estimado quando mostra ser um verdadeiro amigo e atroz inimigo, isto é, quando sem nenhuma consideração se revela em favor de um e contra o outro. Esta atitude é sempre mais útil do que ficar neutro, uma vez que se dois poderosos vizinhos seus entrarem em luta ou são de qualidade que vencendo um deles venha a temer o vencedor, ou não. Em qualquer um destes dois casos será sempre mais útil assumir um dos partidos e fazer uma guerra digna, porque no primeiro caso se não se definir será sempre a presa daquele que vencer, com prazer e satisfação do que foi vencido, e não terá razão ou coisa alguma que lhe defenda nem quem lhe receba. O vencedor não quer amigos suspeitos ou incapazes de estender uma mão nas adversidades; quem perde não lhe recebe por não ter se decidido a testar a sua sorte de armas em punho.

Antíoco invadiu a Grécia a chamado dos etólios para expulsar os romanos. Enviou embaixadores aos aqueus, amigos dos romanos, para conclamá-los a ficarem neutros, enquanto os romanos os persuadiam a tomar armas ao seu lado. Esta matéria veio à deliberação do congresso dos aqueus, onde o legado de Antíoco os induzia à neutralidade; sobre o fato, o representante romano respondeu: *"Quod autem isti dicunt non interponendi vos bello, nihil magis alienum rebus vestris est; sine gratia, sine dignitate, praemium victoris eritis."* [Eles te dizem que é melhor que não interfiras, e nada poderia estar mais distante dos teus interesses; pela falta de apoio e de dignidade, tu serias o prêmio para o vencedor.]

Sempre acontecerá que aquele que não é amigo procurará a sua neutralidade, e aquele que é amigo pedirá que o ajude com as armas. Os príncipes irresolutos, para fugir aos perigos presentes, seguem na maioria das vezes o caminho da neutralidade e, geralmente, caem em ruína. Mas quando o príncipe se define valentemente em favor de um dos partidos, se aquele a quem adere vence, mesmo que seja tão poderoso que venha a atiçar a sua prudência, fica em dívida com o príncipe, o que os liga por laços de amizade; e os homens nunca são tão desonestos a ponto de cometer tamanha prova de ingratidão oprimindo um tal amigo.

Além disso, as vitórias nunca são tão brilhantes que o vencedor não deva ter nenhuma consideração, sobretudo para com o que é justo. Mas se aquele de quem tomaste partido perder, ainda serás amparado por ele e, enquanto puder, te ajudará; e tu ainda ficarás associado a uma fortuna que poderá ressurgir. No segundo caso, quando aqueles que lutam são de um nível em que não deva temer o vencedor, ainda maior prudência é tomar partido, pois causa a ruína de um com a ajuda de quem deveria salvá-lo, se fosse sábio; vencendo, fica à tua mercê, e é impossível que não vença com o teu auxílio.

Mas vale notar aqui que um príncipe deve ter a cautela de jamais fazer aliança com alguém mais poderoso do que ele para atacar os outros senão quando a necessidade o compelir, como se disse acima, uma vez que mesmo vencendo, logo se torna seu prisioneiro; e os príncipes devem fugir o quanto puderem de ficar à mercê dos outros. Os venezianos aliaram-se à França contra o duque de Milão, podendo ter evitado essa aliança de que resultou a sua ruína. Mas quando não se pode evitá-la (como aconteceu aos florentinos quando o papa e a Espanha levaram seus exércitos a atacar a Lombardia), então o príncipe deverá tomar um partido pelas razões acima expostas. Nem julgue algum Estado poder adotar sempre partidos seguros, devendo antes pensar ser obrigado a tomar, frequentemente, partidos duvidosos; vê-se na ordem das coisas que nunca se procura fugir a um inconveniente sem incorrer em outro, e a prudência consiste em saber conhecer a natureza desses inconvenientes e tomar como bom aquele que promete ser menos prejudicial.

Um príncipe também deve se mostrar amante das virtudes, dando oportunidade aos homens virtuosos e honrando os melhores numa arte. Ao mesmo tempo, deve animar os seus cidadãos a exercer pacificamente as suas atividades no comércio, na agricultura e em qualquer outra ocupação, de forma que o agricultor não tema ornar as suas propriedades por receio de que elas lhe sejam assaltadas, enquanto o comerciante não desista de exercer o seu comércio por medo das taxas; deve, além disso, instituir prêmios para os que quiserem realizar tais coisas e os que pensarem em por qualquer forma engrandecer a sua cidade ou o seu Estado. Ademais, nas épocas convenientes do ano, deve procurar distrair o seu povo com festivais e espetáculos. E, uma vez que toda cidade está dividida em corporações de artes ou grupos sociais, deve cuidar dessas corporações e desses grupos, reunir-se com eles algumas vezes, dar de si prova de humanidade e generosidade, não obstante mantendo sempre firme a majestade da sua dignidade, visto que esta não deve faltar em momento algum.

CAPÍTULO XXII
DOS MINISTROS QUE OS PRÍNCIPES TÊM JUNTO DE SI

Não é de pouca importância para um príncipe a escolha dos seus ministros, os quais são bons ou não, segundo a prudência das suas escolhas. E a primeira observação que se faz da inteligência de um senhor resulta da análise dos homens que o cercam; quando são eles capazes e fiéis, sempre se pode considerá-lo sábio, porque soube reconhecer a sua competência e conservá-los ao seu lado. Mas quando não são assim, sempre se pode fazer mau juízo do príncipe, porque o primeiro erro cometido por ele reside precisamente nessa escolha. Não houve ninguém que, conhecendo o senhor Antônio de Venafro como ministro de Pandolfo Petrucci, príncipe de Siena, deixasse de julgar este senhor como extremamente valoroso pelo fato de ter aquele por ministro. E, conforme são de três espécies as inteligências, uma que entende as coisas por si, a outra que discerne o que os outros entendem e a terceira que não entende nem por si nem por intermédio dos outros, a primeira excelente, a segunda muito boa e a terceira inútil, estavam todos eles de acordo que se Pandolfo não se classificava no primeiro grau, estava certamente no segundo; porque, toda vez que alguém tem a capacidade de conhecer o bem e o mal que uma pessoa faça ou diga, mesmo que não tenha capacidade para solucionar os problemas por si mesmo, discerne as más e as boas obras do ministro, exalta estas e corrige aquelas. Já o ministro não pode esperar enganá-lo, e assim se conserva bom.

Entretanto, para que um príncipe possa conhecer o ministro, existe um método que não falha: quando perceber que o ministro pensa mais em si do que em ti, e que em todas as ações procura o seu interesse próprio, poderás concluir que este jamais será um bom ministro e jamais será digno de confiança; aquele que tem o Estado de outrem nas suas mãos não deve pensar nunca em si, mas sim e sempre no príncipe, não lhe recordando nunca coisa que não seja da sua competência. Por outro lado, o príncipe, para conservá-lo um bom ministro, deve pensar nele, honrando-o, conferindo riqueza, fazendo-o participar das honrarias e dos cargos, a fim de que veja que não pode ficar sem a sua proteção; e que as muitas honras não o façam desejar mais honras, as muitas riquezas não o façam desejar maiores riquezas e os muitos cargos o façam temer as mudanças. Pois quando os ministros, e os príncipes com relação àqueles, estão assim preparados, podem confiar um no outro; mas quando não for assim, o fim será sempre danoso, para um ou para o outro.

CAPÍTULO XXIII
COMO SE AFASTAM OS ADULADORES

Não quero deixar de tratar de um ponto importante, um erro do qual os príncipes só se defendem com muita dificuldade, quando não são de extrema prudência ou se não fazem boas escolhas. Eu me refiro aos aduladores, dos quais as cortes estão impregnadas, uma vez que os homens se comprazem tanto nos seus próprios assuntos e de tal modo se iludem que com dificuldade se defendem desta peste e, mesmo querendo se defender, há o perigo de se tornar menosprezado. Não há outro meio de se proteger da adulação a não ser fazendo com que os homens entendam que não te ofendem quando dizem a verdade; entretanto, quando todos podem te dizer a verdade, passam a te faltar com a reverência.

Assim sendo, um príncipe prudente deve proceder por uma terceira via, escolhendo no seu Estado homens sábios, e somente a eles dar a liberdade de lhe falar a verdade daquilo que ele pergunte e nada mais. Deve consultá-los sobre todos os assuntos e ouvir as suas opiniões; depois, decidir por si, a seu modo, e, com estes conselhos e com cada um deles, proceder de forma a que todos compreendam que quanto mais livremente falarem, tanto mais facilmente serão aceitas as suas opiniões. Fora aqueles sábios, não deve ouvir mais ninguém, e assim seguir a deliberação adotada e ser obstinado nas suas decisões. Quem age de outra forma, ou é precipitado pelos aduladores, ou muda frequentemente de opinião pela variedade dos pareceres; daí resulta a ruína da sua reputação.

Sobre este tema, desejo trazer um exemplo atual: padre Lucas, homem do atual imperador Maximiliano, falando de Sua Majestade, disse que ele não se aconselhava com ninguém e não fazia nada a seu modo; isso resultava de ter costume contrário ao acima exposto. Porque o imperador é homem discreto, não comunica a ninguém os seus desígnios, não pede conselhos; mas, como ao serem postas em prática as suas ideias começam a ser conhecidas e descobertas, começam a ser contrariadas por aqueles que o cercam, e ele, sendo um homem de opinião fraca, sempre volta atrás. Daí resulta que as coisas que faz num dia são destruídas no outro e que não se entenda nunca o que ele quer ou o que deseja fazer, não podendo pessoa alguma se basear nas suas deliberações.

Dessa forma, um príncipe deve sempre se aconselhar, mas quando sinta necessidade, e não quando os outros desejem; antes, deve tolher a todos o desejo de aconselhar-lhe alguma coisa sem que ele venha a pedir. Entretanto, deve ser grande questionador e, depois, acerca das coisas perguntadas, paciente ouvinte da verdade; e uma vez notando que alguém por alguma razão não lhe diz a verdade, deve mostrar aborrecimento. Há muitos que entendem que o príncipe que dá de si opinião de prudente seja assim considerado não pela sua natureza, mas pelos bons conselhos que o rodeiam; no entanto, sem dúvida alguma estão enganados, pois que esta é uma regra geral que nunca falha: um príncipe que não seja sábio por si mesmo não pode ser bem aconselhado, a menos que por acaso confiasse em um só que de todo o governasse e fosse homem de extrema prudência. Este caso bem poderia acontecer, mas seria breve, uma vez que aquele que efetivamente governasse em pouco tempo lhe tomaria o Estado; mas, tomando conselhos de mais de um, um príncipe que não seja sábio não terá nunca os conselhos uniformes e não saberá por si mesmo harmonizá-los. Cada conselheiro pensará por si, e ele não saberá corrigi-los nem se inteirar devidamente do assunto. E não é possível encontrar conselheiros diferentes, porque os homens sempre serão maus se por uma necessidade não forem tornados bons. Consequentemente se conclui que os bons conselhos, venham de onde vierem, devem nascer da prudência do príncipe, e não a prudência do príncipe ser resultado dos bons conselhos.

CAPÍTULO XXIV
POR QUE OS PRÍNCIPES DA ITÁLIA PERDERAM OS SEUS ESTADOS

Tudo o que foi dito, quando observado com prudência, pode fazer um príncipe novo parecer antigo e logo torná-lo mais seguro e mais firme no Estado do que se fosse um príncipe antigo. Pois um príncipe novo é muito mais fiscalizado nas suas ações do que um hereditário; e quando estas são reconhecidas como virtuosas, atraem mais fortemente os homens e os ligam a si muito mais que a tradição do sangue. Pois os homens são levados muito mais pelas coisas presentes do que pelas passadas e, quando no dia de hoje encontram o bem, ficam satisfeitos e nada mais buscam. Antes, assumirão toda a sua defesa, desde que não lhes falte à palavra nas outras coisas. Assim, terá a dupla glória de ter dado início a um principado novo e de tê-lo ornado e fortalecido com boas leis, boas armas e bons exemplos; por outro lado, aquele que, tendo nascido príncipe, veio a perder o Estado por culpa da sua imprudência verá duplicada a sua vergonha.

E se forem considerados aqueles senhores que, na Itália, perderam os seus Estados nos nossos tempos, como o rei de Nápoles, o duque de Milão e outros, se encontrará neles primeiro um defeito comum quanto às armas, pelas razões que já foram expostas; depois, se verá que alguns deles, ou tiveram a inimizade do povo, ou, tendo o povo por amigo, não souberam se garantir contra os grandes; eis que sem estes defeitos não se perdem os Estados que tenham tamanha força que possam levar a campo um exército. Felipe da Macedônia, não o pai de Alexandre, mas o que foi vencido por Tito Quinto, tinha um Estado não muito extenso em comparação com a grandeza dos romanos e da Grécia que o assaltaram; não obstante, por ser homem de espírito militar, que sabia ter o povo como amigo e se garantir contra os grandes, sustentou por muitos anos a guerra contra aqueles; e se, afinal, perdeu o domínio de algumas cidades, restou-lhe todavia o reino.

Assim sendo, estes nossos príncipes que tinham permanecido muitos anos nos seus principados para depois perdê-los não podem acusar a sorte, mas sim a sua própria negligência, pois nunca tendo imaginado que os tempos de paz poderiam mudar (o que é um defeito comum dos homens: na bonança não se preocupar com a tempestade), quando chegaram os tempos de guerra se preocuparam em fugir, e não em se defender, esperando que as populações, cansadas da insolência dos vencedores, os chamassem de volta. Esse partido é bom quando os outros falham, mas é muito ruim haveres abandonado os outros remédios por esse, pois não irás cair apenas por creres encontrar quem te levante; isso não costuma acontecer ou, ainda que se suceda, não será para a tua segurança, dado que aquela defesa logo se torna vil se não depender de ti. As defesas são boas, certas e duradouras somente quando dependem de ti mesmo e da tua virtude.

CAPÍTULO XXV
DO QUANTO PODE A FORTUNA NOS ASSUNTOS HUMANOS E DE QUE MODO SE LHE DEVE RESISTIR

Não ignoro que muitos são da opinião de que as coisas do mundo devem ser governadas pela fortuna e por Deus, de forma que os homens, com a sua prudência, não as podem modificar nem evitar de forma alguma; assim poder-se-ia pensar que não é conveniente insistir muito em mudar o rumo do destino, mas sim se deixar governar pela sorte. Esta opinião se tornou mais aceita na nossa época pela grande mudança das coisas que foi vista e que se observa todos os dias, independentemente de qualquer conjetura humana. Pensando nisso algumas vezes, em parte me inclinei a favor dessa opinião. No entanto, para que o nosso livre-arbítrio não seja extinto, julgo poder ser verdade que a sorte seja o árbitro da metade das nossas ações, mas que ainda nos deixe governar a outra metade, ou quase isso. Eu comparo a fortuna a um desses rios torrenciais que, quando se encolerizam, alagam as planícies, destroem as árvores e as construções, carregam terra de um lugar para outro; todos fogem diante dele, tudo cede ao seu ímpeto, e ele segue sem encontrar oposição em parte alguma. E se bem ocorra assim mesmo, isso não impediu que os homens, na época de calmaria, tomassem providências com anteparos e diques, de modo que, na época torrencial, ou as águas corressem por um canal, ou o seu ímpeto não fosse tão desenfreado nem tão danoso.

Da mesma forma acontece com a sorte, ela demonstra o seu poder onde não existe virtude preparada para resistir e, dessa forma, volta o seu ímpeto em direção ao ponto onde sabe que não foram construídos diques e anteparos para contê-la. E se considerares a Itália, que é a sede destas variações e aquela que lhes deu motivo, verás ser ela uma região sem diques e sem nenhum anteparo, eis que se protegida por convenientes forças militares, como a Alemanha, a Espanha e a França, ou esse transbordamento não teria feito as grandes alterações que fez, ou não teria ocorrido. Penso que isto seja suficiente quanto ao que tinha a dizer acerca da oposição à sorte em geral.

Mas, me restringindo ao que é mais particular, digo por que motivo se vê um príncipe hoje em franco e feliz progresso e amanhã em ruína, sem que tenha mudado a sua natureza ou as suas qualidades; isso resulta, segundo creio, primeiro das razões que foram longamente expostas mais acima, ou seja, que o príncipe que se apoia totalmente na sorte arruína-se segundo as suas variações. Além disso, creio ser feliz aquele que adapta o seu modo de proceder com a natureza dos tempos, da mesma forma que penso ser infeliz aquele que, com o seu proceder, entre em choque direto com o momento atual.

Isso decorre de perceber que os homens, naquilo que os conduz ao fim que cada um tem por objetivo, isto é, glórias e riquezas, procedem por vias diversas: um, com cautela, o outro, com ímpeto; um, com violência, o outro, com astúcia; um, com paciência, e o outro, por forma contrária; e cada um, por esses diversos meios, pode alcançar o objetivo.

Vê-se ainda, de dois indivíduos cautos, um alcançar o seu objetivo, e o outro, não, e da mesma maneira dois deles alcançarem igualmente um final feliz com duas tendências diversas, sendo por exemplo um cauteloso, e o outro, impetuoso; isso resulta apenas da natureza dos tempos que se adaptam ou não ao proceder deles. Daí decorre aquilo que eu disse, isto é, que dois indivíduos agindo por formas diversas podem alcançar o mesmo efeito, ao passo que de dois que operem igualmente, um alcança o seu fim, e o outro, não.

Disto ainda depende a variação do conceito de bem, pois se alguém se orienta com prudência e paciência e os tempos e as situações se apresentam de modo a que a sua orientação seja boa, ele alcança a felicidade; entretanto, se os tempos e as circunstâncias mudam, ele se arruína, visto não ter adaptado o seu modo de proceder. Nem é possível encontrar homem tão prudente que saiba se acomodar a tal variação, seja porque não pode se desviar daquilo a que a natureza o inclina, seja ainda porque, tendo alguém prosperado seguindo sempre por um caminho, não se consegue convencer a abandoná-lo. Assim sendo, o homem cauteloso, quando é tempo de se transformar em impetuoso, não sabe fazê-lo e, por consequência, cai em ruína, dado que se mudasse de natureza de acordo com os tempos e com as coisas, a sua fortuna não se modificaria.

O papa Júlio II procedeu impetuosamente em todas as suas coisas, e encontrou tanto os tempos como as circunstâncias coincidentes com aquele seu modo de proceder, pelo que sempre logrou êxito. Consideremos a primeira campanha que empreendeu contra Bolonha, sendo ainda vivo o senhor Giovanni Bentivoglio. Os venezianos estavam descontentes; o rei da Espanha, nas mesmas condições; com a França ainda discutia tal campanha. Não obstante tudo isso, com ferocidade e ímpeto, deu início pessoalmente àquela expedição que, uma vez iniciada, fez com que ficassem suspensos e paralisados tanto a Espanha como os venezianos, estes por medo, aquela pelo desejo de recuperar todo o reino de Nápoles; e por outra parte, arrastou consigo o rei da França porque, vendo tal rei em campanha e desejando torná-lo seu amigo para amedrontar os venezianos, julgou não poder lhe negar a sua gente sem o insultar manifestadamente.

Dessa forma, com o seu movimento impetuoso, Júlio realizou aquilo que com toda a prudência outro pontífice jamais teria feito, pois se ele, para partir de Roma, tivesse esperado estar com todos os planos estabelecidos e todas as coisas assentadas, como qualquer outro papa teria feito, nunca teria obtido êxito, pois o rei da França teria apresentado mil desculpas e os outros lhe teriam incutido mil receios. Quero omitir suas outras ações, todas semelhantes e todas bem-sucedidas, sendo que a brevidade da vida não o deixou experimentar o contrário, dado que se tivesse vivido nos tempos em que se tornasse necessário agir com maior cautela, surgiria a sua ruína, pois que ele jamais teria desviado daquele modo de ação à qual a natureza o inclinava.

Assim, concluo que, variando a sorte e permanecendo os homens obstinados nos seus modos de agir, eles serão felizes enquanto aquela e estes estejam em acordo, e infelizes quando surgir a discordância. Considero que é melhor ser impetuoso do que dotado de cautela, porque a fortuna é como uma mulher, e, assim sendo, se torna necessário, quando se quer dominá-la, lhe bater e contrariar; e ela se deixa dominar mais por estes do que por aqueles que procedem friamente. Portanto, a sorte também, como mulher, é sempre amiga dos jovens, porque estes são menos cautelosos, mais afoitos e audaciosos.

CAPÍTULO XXVI
CONSELHO PARA BUSCAR TOMAR A ITÁLIA E LIBERTÁ-LA DAS MÃOS DOS BÁRBAROS

Consideradas assim todas as coisas já expostas, e pensando comigo mesmo se no momento presente, na Itália, se passavam tempos capazes de honrar um novo príncipe e se havia matéria que garantisse a alguém prudente e valoroso a oportunidade de introduzir nas suas terras uma nova organização que lhe conferisse honra e fizesse bem a todo o povo, me parece que se juntam tantas circunstâncias favoráveis a um novo príncipe que não sei qual o tempo que poderia ser mais adequado para tal. E se, como já dito, para se conhecer a virtude de Moisés foi necessário que o povo de Israel estivesse escravizado no Egito, e para conhecer a grandeza do ânimo de Ciro, que os persas fossem oprimidos pelos medas, e o valor de Teseu, que os atenienses estivessem dispersos, também nos dias de hoje, querendo conhecer a virtude de um espírito italiano, seria necessário que a Itália se reduzisse ao ponto em que se encontra no momento: que ela fosse mais escravizada do que os hebreus, mais oprimida do que os persas, mais desunida do que os atenienses, sem chefe, sem ordem, abatida, espoliada, lacerada, invadida, e tivesse suportado infortúnios de todo tipo.

Ainda que até aqui tenha surgido um certo vislumbre de esperança em relação a algum príncipe, parecendo poder ser julgado como dirigido por Deus para a redenção da Itália, no entanto depois todos viram como, no apogeu das suas ações, foi abandonado pela sorte. De modo que, tornada sem vida, espera a Itália por aquele que cure as suas feridas e ponha fim aos saques da Lombardia, às carnificinas no reino de Nápoles e na Toscana, e a cure daquelas suas chagas já apodrecidas há tempos. Vê-se como ela implora que Deus lhe envie alguém que a redima dessas crueldades e insolências bárbaras. Vê-se, ainda, toda ela pronta e disposta a seguir uma bandeira, desde que se encontre quem a empunhe.

Nem se sabe no presente em quem possa ela confiar a não ser na tua casa ilustre [papa Clemente VII], que com a tua fortuna e virtude, e favorecida por Deus e pela Igreja, da qual agora és príncipe, poderá se tornar a liderança desta redenção. Isso não será muito difícil, caso te empenhes em seguir as ações e a vida dos que foram mencionados acima. E, ainda que aqueles homens sejam raros e maravilhosos, sem dúvida foram homens, e todos eles tiveram menor ocasião que a presente: porque os empreendimentos deles não foram mais justos nem mais fáceis do que este, nem foi Deus mais amigo deles do que teu. É de grande justiça o que digo: "*Iustum enim est bellum quibus necessarium, et pia arma ubi nulla nisi in armis spes est.*" [Justa, na verdade, é a guerra, quando necessária e piedosa são as armas quando só nelas reside a esperança.]

Aqui há uma grande disposição, e onde esta existe não pode haver grande dificuldade, desde que se imite o modo de agir daqueles que apontei como exemplo. Além disso, aqui se veem acontecimentos extraordinários emanados de Deus: o mar se abriu, uma nuvem revelou o caminho, a pedra verteu água, aqui choveu o maná; todas as coisas concorreram para a tua grandeza. O restante cabe somente a ti realizar. Deus não quer fazer tudo, para não nos tolher o livre-arbítrio e parte daquela glória que compete a nós mesmos. E não é de admirar se algum dos já citados italianos não tenha podido fazer aquilo que se pode esperar que faça a tua casa ilustre, e se, em tantas revoluções da Itália e em tantas manobras de guerra, parecer sempre que nesta a virtude militar esteja extinta. Isso resulta de que as suas antigas instituições não eram boas e não houve quem soubesse encontrar outras; e nenhuma coisa faz tanta honra a um príncipe novo quanto as novas leis e os novos regulamentos por ele elaborados. Estes, quando são bem fundados e em si contêm grandeza, tornam o príncipe digno de reverência e admiração; na Itália não faltam motivos para se introduzir qualquer reforma. Aqui existe grande valor no povo, enquanto nos chefes ele é deficiente. Observei nos duelos e nos combates individuais o quanto os italianos são superiores na força, na agilidade ou no engenho. Mas, quando se passa para os exércitos, não compareçam. E tudo resulta da fraqueza dos chefes, porque aqueles que sabem não são obedecidos, e todos julgam saber, não tendo surgido até agora alguém que tenha sabido se sobressair pela virtude ou pela fortuna de forma a que os outros cedam. Daí decorre que, em tanto tempo, em tantas guerras feitas nos últimos vinte anos, sempre que se formou um exército inteiramente italiano ele deu mau exemplo, do que dão prova Taro, depois Alexandria, Cápua, Gênova, Vailá, Bolonha, Mestri etc.

Assim sendo, querendo que a tua casa ilustre siga a via daqueles homens excelentes e redima suas províncias, é necessário, antes de toda e qualquer outra coisa, como verdadeiro fundamento de qualquer campanha, se valer de tropas próprias, pois não se pode conseguir outras mais fiéis e mais seguras, nem melhores soldados. E ainda que cada um deles seja bom, todos juntos se tornarão ainda melhores quando se virem comandados pelo seu príncipe, e por este, honrados e mantidos. É necessário, portanto, preparar esses exércitos, para assim, com a virtude itálica, poder se defender dos estrangeiros.

E ainda que as infantarias suíças e espanholas sejam consideradas terríveis, em ambas existem defeitos, pelo que um terceiro tipo de infantaria poderia não somente se lhes opor, mas ter esperança de superá-las. Porque os espanhóis não podem enfrentar a cavalaria, e os suíços irão temer os infantes quando no combate os encontrarem obstinados como eles. Devido a isso, como foi e pode ser visto novamente, os espanhóis não conseguem enfrentar a cavalaria francesa, e os suíços são derrotados pela infantaria espanhola. E se bem deste último caso não se tenha tido prova concreta, contudo foi observada uma amostra na campanha de Ravena, quando as infantarias espanholas se defrontaram com os batalhões alemães, que têm a mesma organização dos suíços; aí os espanhóis, com a agilidade do corpo e auxílio dos seus pequenos escudos, haviam se colocado debaixo das espadas alemãs e estavam certos de feri-los e matá-los sem que eles pudessem oferecer resistência; realmente, não fosse a cavalaria que os atacou, teriam assassinado todos os inimigos. Assim, conhecido o defeito de uma e de outra dessas infantarias, é possível organizar uma diferente, que resista à cavalaria e não tenha medo dos infantes, o que dará qualidade superior aos exércitos e virá impor a mudança das táticas de batalha. Estas são daquelas coisas que, uma vez reformadas, dão reputação e grandeza a um príncipe novo.

Dessa forma, não se deve deixar passar esta ocasião, a fim de que a Itália conheça, depois de tanto tempo, um redentor vindo da sua própria terra. Nem posso expressar com que amor ele seria recebido em todas aquelas províncias que têm sofrido tantas invasões estrangeiras, com que sede de vingança, com que obstinada fé, com que piedade, com que lágrimas. Quais portas lhe seriam fechadas? Quais povos lhe negariam fidelidade? Qual inveja iria se opor ao seu caminho? Qual italiano lhe negaria o seu favor? A todos este bárbaro domínio já tem cheiro repugnante. Portanto, vá e tome a sua casa ilustre esta missão com aquele espírito e com aquela esperança com que se abraçam as causas justas, para que, sob a sua bandeira, esta pátria seja enobrecida e sob a sua proteção aquele antigo dito de Petrarca seja lembrado:

> *Virtude contra furor*
> *Tomará armas, e faça o combate curto;*
> *Que o antigo valor*
> *Nos itálicos corações ainda não é morto.*

EPÍLOGO

Carta de Maquiavel ao embaixador de Roma

Magnífico embaixador [seu nome era Francisco Vettori]. Tardias jamais foram as graças divinas. Digo isto porque me parecia não ter perdido, mas sim estar esmaecida a tua graça, tendo estado muito tempo sem me escrever; estava em dúvida de onde pudesse vir a razão de tal. E dava pouca importância a todas as causas que vinham à minha mente, salvo quando pensava que tivesses retraído de me escrever porque te tivesse sido escrito que eu não fosse bom guardião das tuas cartas; e eu sabia que, afora Filippo e Paulo, outros, de minha parte, não as tinham visto. Readquiri essa graça pela tua última de 23 do mês passado, pelo que fico contentíssimo ao ver quão ordenada e calmamente exerces essa função pública, e eu te concito a continuar assim, porque quem deixa as suas comodidades pelas comodidades dos outros perde as suas, e destes não recebe gratidão. Desde que a fortuna quer dispor todas as coisas, é preciso deixá-la fazer, ficar quieto e não lhe criar embaraço, esperando que o tempo lhe permita fazer alguma coisa pelos homens; então, será bem suportar maiores fadigas, zelar melhor das coisas, e a mim convirá partir da vila e dizer: eis-me aqui. Não posso, portanto, desejando render-te iguais graças, dizer nesta minha carta outra coisa que não aquilo que seja a minha vida, e se julgares tal que valha trocá-la com a tua, ficarei contente em mudá-la.

Aqui estou, na vila; depois que ocorreram aqueles meus últimos casos, não estive, somando todos, vinte dias em Florença. Até aqui tenho apanhado tordos à mão. Levantava-me antes do amanhecer, preparava a armadilha, ia-me além com um feixe de gaiolas ao ombro, que até parecia o Getas quando ele voltava do porto com os livros de Anfitrião; apanhava no mínimo dois e no máximo seis tordos. E assim passei todo o mês de setembro. Depois esse passatempo, ainda que desprezível e estranho, veio a faltar com desgosto meu. Eu te direi qual a minha vida agora. Levanto-me de manhã com o sol e vou a um meu bosque que mandei cortar, onde fico duas horas a examinar o trabalho do dia anterior e a passar o tempo com aqueles cortadores que estão sempre às voltas com algum aborrecimento entre si ou com os vizinhos. Acerca deste bosque eu teria a dizer-te mil belas coisas que me aconteceram, bem como de Frosino de Panzano e dos outros que queriam desta lenha. Frosino, principalmente, mandou buscar certa quantidade sem dizer-me nada, e na ocasião do pagamento queria reter dez liras que afirmou ter ganho de mim, há quatro anos, num jogo de cricca em casa de Antônio Guicciardini. Comecei a fazer o diabo: queria acusar o carroceiro, que fora ali mandado por ele, como ladrão. Enfim Giovanni Maquiavel interveio e nos pôs de acordo. Batista Guicciardini, Filippo Ginori, Tommaso dei Bene e alguns outros cidadãos, quando aqueles maus ventos sopravam, cada um me adquiriu uma ruma de lenha. Prometi a todos e mandei uma a Tommaso, a qual chegou a Florença pela metade, porque, para empilhá-la, ali estavam ele, a mulher, as criadas e os filhos, os quais pareciam o Gabburra quando na quinta-feira, com os seus rapazes, abate um boi. De modo que, visto em quem eu depositava o meu ganho, disse aos outros que não tinha mais lenha; todos se encolerizaram e agastaram comigo, especialmente Batista, que inclui esta entre as demais desgraças de Prato.

Saindo do bosque, vou a uma fonte, e daqui ao meu viveiro de tordos. Levo um livro comigo, ou Dante ou Petrarca, ou um desses poetas menores, Tíbulo, Ovídio e semelhantes; leio aquelas suas amorosas paixões, e aqueles seus amores lembram-me os meus; deleito-me algum tempo nestes pensamentos. Depois, vou pela estrada até a hospedaria; falo com os que passam, pergunto notícias das suas cidades, ouço muitas coisas e noto vários gostos e fantasias dos homens. Enquanto isso, chega a hora do almoço, quando com a minha família como aqueles alimentos que esta pobre vila e este pequeno patrimônio comportam. Terminado o almoço, retorno à hospedaria; aqui geralmente estão o estalajadeiro, um açougueiro, um moleiro e dois padeiros. Com estes eu me rebaixo o dia todo jogando cricca, trichtach, e, depois, daí nas cem mil contendas e infinitos acintes com palavras injuriosas; a maioria das vezes se disputa uma insignificância, e, contudo, somos ouvidos gritar por San Casciano. Assim, envolvido entre estes piolhos, cubro o cérebro de bolor e desabafo a malignidade da minha sorte, ficando contente se me encontrasses nesta estrada para ver se essa malignidade se envergonha.

Chegada a noite, retorno para casa e entro no meu escritório; na porta, dispo a roupa quotidiana, cheia de barro e lodo, visto roupas dignas de rei e da corte e, vestido assim condignamente, penetro nas antigas cortes dos homens do passado onde, por eles recebido amavelmente, nutro-me daquele alimento que é unicamente meu, para o qual nasci; não me envergonho ao falar com eles e perguntar-lhes das razões das suas ações. Eles, por sua humanidade, me respondem, e eu não sinto durante quatro horas nenhum tédio, esqueço todas as aflições, não temo a pobreza, não me amedronta a morte: eu me integro inteiramente neles. E porque Dante disse não haver ciência sem que seja retido o que foi apreendido, eu anotei aquilo de que, pela sua conversação, fiz capital, e compus um opúsculo *De Principatibus* [*O Príncipe* – sim, a tradução mais correta do original seria *Do Principado*], onde me aprofundo o quanto posso nas cogitações deste assunto, discutindo o que é principado, de que espécies são, como são adquiridos, como se mantêm, por que são perdidos. Se alguma vez te agradou alguma fantasia minha, esta não te deveria desagradar; e um príncipe, sobretudo um príncipe novo, deveria aceitar esse trabalho: por isso eu o dedico à magnificência de Juliano. Filippo Casavecchia o viu e te poderá relatar mais ou menos como é e das conversas que tive com ele, se bem que frequentemente eu aumente e corrija o texto.

Tu desejarias, magnífico embaixador, que eu deixasse esta vida e fosse gozar contigo da tua. Eu o farei de qualquer maneira; mas o que me retém por ora são certos negócios que dentro de seis semanas terei ultimado. O que me deixa ficar em dúvida é que estão aí aqueles Soderini, aos quais eu seria forçado, estando aí, a visitar e a falar. Receio que ao meu retorno, pensando apear em casa, viesse a desmontar no Bargiello, eis que, se bem este Estado tenha sólidas bases e grande segurança, ele é novo, e por isso, cheio de suspeitas; nem faltam sabidos que, para aparecer, como Paulo Bertini, meteriam outros na prisão e deixariam a meu cargo os aborrecimentos. Peço-te que me tranquilize deste receio, e depois, dentro do tempo mencionado, irei te visitar de qualquer modo.

Discuti com Filippo sobre esse meu opúsculo, se convinha dá-lo ou não, e, sendo acertado dá-lo, se era mais conveniente que eu o levasse ou que o mandasse. Não me fazia dá-lo o receio de que Juliano não o lesse e que esse Ardinghelli se honrasse com esse meu último trabalho. Por outro lado, dá-lo satisfaria a necessidade que me oprime, porque estou em ruína, e não posso permanecer assim por muito tempo sem que me torne desprezível por pobreza, isso além do desejo que teria de que esses senhores Medici passassem a utilizar-me, se tivesse de começar a fazer-me rolar uma pedra; porque, se depois não conseguisse ganhar o seu favor, iria lamentar de mim mesmo, eis que, quando fosse lido o opúsculo, se veria que os quinze anos que estive no estudo da arte do Estado não os dormi nem brinquei, devendo todo homem achar agradável servir-se de alguém que, à custa de outros, fosse cheio de experiência. E da minha fidelidade não se deveria duvidar porque, tendo sempre observado a lealdade, não devo aprender agora a rompê-la; quem foi fiel e bom durante quarenta e três anos, que eu os tenho, não deve poder mudar a sua natureza; da minha lealdade e bondade é testemunho a minha pobreza.

Desejaria, pois, que tu ainda me escrevesses aquilo que sobre este assunto te pareça. A ti me recomendo. Sejas feliz.

NICOLAU MAQUIAVEL
Florença, 10 de dezembro de 1513

ESTA OBRA FOI IMPRESSA
EM JUNHO DE 2025